Lisa Reichenbacher

Die Geldpolitik der Europäischen Zentralbank

Auswirkungen auf die deutschen Wirtschaftssubjekte

Bibliografische Information der Deutschen Nationalbibliothek:

Die Deutsche Nationalbibliothek verzeichnet diese Publikation in der Deutschen Nationalbibliografie; detaillierte bibliografische Daten sind im Internet über http://dnb.d-nb.de abrufbar.

Impressum:

Copyright © Science Factory 2020

Ein Imprint der GRIN Publishing GmbH, München

Druck und Bindung: Books on Demand GmbH, Norderstedt, Germany

Covergestaltung: GRIN Publishing GmbH

Inhaltsverzeichnis

Abbildungsverzeichnis V

Abkürzungsverzeichnis VII

Formelverzeichnis VIII

1 Einleitung 1
   1.1 Zielsetzung der Arbeit 2
   1.2 Gang der Arbeit 3

2 Theoretische Grundlagen 6
   2.1 Geldtheoretische Modelle 6
   2.2 Transmissionskanäle 11
   2.3 Geldmengen und Geldschöpfung 13

3 Europäische Zentralbank als Institution 17
   3.1 Ziele und Strategien der Europäischen Zentralbank 19
   3.2 Geldpolitische Instrumente der Europäischen Zentralbank ... 21

4 Bundesrepublik Deutschland 32
   4.1 Staatshaushalt 32
   4.2 Bankensektor 40
   4.3 Volkswirtschaft 50
   4.4 Private Haushalte 56

5 Fazit und Beantwortung der Forschungsfragen 69
   5.1 Kritische Würdigung 74
   5.2 Perspektiven 75

Anhang **76**

Anhang 1: Inflationsrate VPI 76

Anhang 2: Steuereinnahmen in Tsd. Euro 76

Anhang 3: Durchschnittliche Zinssätze in % 78

Anhang 4: Darlehensberechnungen im Vergleich 79

Anhang 5: Außenhandel Deutschland und USA 79

Literaturverzeichnis **80**

Internetquellen 83

Abbildungsverzeichnis

Abbildung 1: Veränderung der Geldnachfrage- bzw. Geldangebotskurve 8

Abbildung 2: IS-LM Modell 10

Abbildung 3: Geldpolitische Transmissionskanäle 13

Abbildung 4: Geldmengenentwicklung im Eurowährungsgebiet in Mrd. Euro 15

Abbildung 5: Organe der Europäischen Zentralbank 19

Abbildung 6: Entwicklung der Zinssätze der Fazilitäten in % 25

Abbildung 7: Entwicklung des Zinssatzes für HRGs in % 26

Abbildung 8: Volumen „zu geldpolitischen Zwecken gehaltener Wertpapiere" in Mrd. Euro 30

Abbildung 9: Entwicklung der Staatsverschuldung des Bundes in Mrd. Euro 35

Abbildung 10: Entwicklung der Zinszahlungen des Bundes in Mrd. Euro ... 36

Abbildung 11: Entwicklung ausgewählter Steuereinnahmearten in Mrd. Euro 39

Abbildung 12: Entwicklung des Zins- und Provisionsüberschusses in % der durchschnittlichen Bilanzsumme 41

Abbildung 13: Entwicklung des Betriebsergebnisses und des Jahresüberschusses der Mrd. Euro 43

Abbildung 14: Eigenkapitalanforderungen nach Art in % der Risikopositionen 48

Abbildung 15: Entwicklung der Inflationsrate anhand des VPI in % zum Vorjahr 51

Abbildung 16: Entwicklung des BIP in Mrd. Euro sowie des BIP pro Kopf .. 53

Abbildung 17: Entwicklung der Arbeitslosenquote in % 54

Abbildung 18: Wechselkurs Euro zu US-Dollar und Außenbeitrag zwischen Deutschland und den USA 56

Abbildung 19: Vermögensbestände der privaten Haushalte 12/2017 in Mrd. Euro 57

Abbildung 20: Zinsentwicklung von Tagesgeld, Termingeld und Spareinlagen sowie Inflationsentwicklung 60

Abbildung 21: Entwicklung des Garantiezinses für Lebensversicherungen 62

Abbildung 22: Veränderungsrate der Immobilienindizes zum Vorjahreszeitraum in % 64

Abbildung 23: Volumen der vergebenen Kredite an private Haushalte 66

Abbildung 24: Durchschnittliche Effektivzinssätze im Kreditneugeschäft nach Art 67

Abkürzungsverzeichnis

ABSPP	Asset-Backed Securities Purchase Programme
BaFin	Bundesanstalt für Finanzdienstleistungsaufsicht
BRD	Bundesrepublik Deutschland
CBPP	Covered Bond Purchase Programme
CSPP	Corporate Sectore Purchase Programme
EBA	Europäische Bankenaufsichtsbehörde
EONIA	Euro Overnight Index Average
ESZB	Europäisches System der Zentralbanken
EU	Europäische Union
EWR	Europäische Währungsunion
EZB	Europäische Zentralbank
GDV	Gesamtverband der deutschen Versicherungswirtschaft
HRGs	Hauptrefinanzierungsgeschäfte
HVPI	Harmonisierter Verbraucherpreisindex
LRGs	längerfristige Refinanzierungsgeschäfte
LSI	Less Significant Institutions
NZBen	Nationale Zentralbanken
PSPP	Public Sector Purchase Programme
SI	Significant Institutes
SMP	Securities Markets Programme
WWU	Wirtschafts- und Währungsunion

Formelverzeichnis

Formel 1: Quantitätsgleichung 6

Formel 2: Cambridge-Gleichung 7

1 Einleitung

„Willkommen in der Planwirtschaft"[1] - so lautet der Titel eines im August 2019 veröffentlichten Artikels von Thorsten Polleit in der Wirtschaftswoche. Eine Darstellung der deutschen Volkswirtschaft vermutet man hinter dieser Überschrift jedoch nicht, da die soziale Marktwirtschaft seit Jahrzehnten das Land prägt. Nach der Meinung des Ökonomen Polleit gehört dieser Zustand schon bald der Vergangenheit an. Schuld daran trägt die Geldpolitik der Europäischen Zentralbank (EZB). Kritische Artikel wie diesen findet man aktuell häufiger in den gängigen Wirtschaftszeitschriften. Wohingegen man nicht vergessen darf, dass die Zinspolitik von Mario Draghi, Präsident der europäischen Zentralbank bis Ende Oktober 2019, zur Rettung vieler europäischen Staaten während der Finanzkrise beitrug.[2] Durch die Nullzinspolitik gelang es der EZB, höchstverschuldete Staaten vor einem Bankrott zu schützen und mit frischem, günstigem Kapital zu versorgen. Aber zu welchem Preis? Die niedrigen Zinsen bestimmen seit der Finanzkrise die europäische Wirtschaft. Dies ist ein Segen für alle Mitgliedsstaaten, die sich immer noch nicht vollständig regeneriert haben. Der deutschen Volkswirtschaft wird das Eingreifen in die Zinsbildung jedoch mehr und mehr zum Verhängnis. Das Ausmaß der Geldpolitik wird angesichts der drohenden Rezession immer deutlicher. Aus Sorge vor einer Markt- und Preisbereinigung melden sich zu den geplanten Schritten der EZB verstärkt auch Politiker zu Wort. So erwägt Bundesfinanzminister Scholz ein milliardenschweres Konjunkturprogramm in die Wege zu leiten um den Auswirkungen des Abschwungs entgegen zu wirken und die Volkswirtschaft zu stabilisieren.[3] Spätestens hierdurch wird deutlich, dass die Veränderungen, welche der künstlich niedrig gehaltene Kapitalmarktzins mit sich gebracht hat, Einfluss auf weitreichende Bereiche der Volkswirtschaft hat und die gängigen Wirtschaftsmechanismen beeinflusst.[4] So ändern sich dadurch die Verschuldungsquote des Staates, die

---

[1] Vgl. https://www.wiwo.de/politik/konjunktur/willkommen-in-der-planwirtschaft-die-dramatischen-folgen-von-negativzinsen/24939610.html, Zugriff am 17.12.2019.
[2] Vgl. https://www.spiegel.de/wirtschaft/soziales/christine-lagarde-neue-chefin-der-europaeischen-zentralbank-startet-a-1294377.html, Zugriff am 17.12.2019.
[3] Vgl. https://www.wiwo.de/politik/konjunktur/willkommen-in-der-planwirtschaft-die-dramatischen-folgen-von-negativzinsen/24939610.html, Zugriff am 17.12.2019.
[4] Vgl. *Becker, B. et al.*, Geldpolitik, 2019, S. 14.

Investitionen der Unternehmen und die Einkommensverteilung der Privatpersonen, um nur einige Beispiele zu nennen. Wie der Geldmarkt beeinflusst wird, welche Instrumente die Zentralbank benutzt und welche Ziele sie verfolgt sowie die Auswirkungen auf die Bereiche der Bundesrepublik Deutschland werden im Folgenden genauer untersucht. Die genaue Zielsetzung sowie die Vorgehensweise in dieser Arbeit werden in den nächsten beiden Gliederungspunkten vorgestellt.

1.1 Zielsetzung der Arbeit

Die unter Kapitel 1 aufgezeigten Entwicklungen bezüglich der Geldpolitik und die dadurch von der Politik angedachten Schritte sind insofern von wissenschaftlichem Interesse, als dass sie die Bedeutsamkeit der Veränderung durch die Geldpolitik für die gesamte Volkswirtschaft aufzeigt. Durch das Verstehen der geldpolitischen Auswirkungen auf die Märkte können die Entscheidungen der Marktteilnehmer in verschiedenen Hinsichten positiv beeinflusst werden.

Die vorliegende Arbeit stellt die Relevanz der Geldpolitik für die Bevölkerung dar. Durch die ganzheitliche Betrachtung der Thematik ergeben sich folgende Forschungsfragen:

Wie beeinflusst die europäische Zentralbank den Geldmarkt?

Welche Auswirkungen hat die expansive Geldpolitik auf die Wirtschaftssubjekte der Bundesrepublik Deutschland?

Hierzu soll zunächst ein grundsätzliches Verständnis für die Geldtheorie geschaffen werden. Darüber hinaus wird auf die EZB als führende geldpolitische Institution des Euroraumes eingegangen. Im Anschluss wird die Beantwortung der ersten Forschungsfrage in den Fokus gestellt. Hierzu werden die geldpolitischen Instrumente sowie deren Entwicklung dargestellt. In einem nächsten Schritt wird auf die Betrachtung der Wirtschaftssubjekte der Bundesrepublik Deutschland eingegangen. Anhand der Einschränkung auf die deutschen Wirtschaftsbereiche soll verdeutlicht werden, wie ein großer Mitgliedsstaat des Euroraumes, welcher als finanziell stabil gilt, auf die geldpolitischen Änderungen reagiert. Um die generellen Auswirkungen auf die deutschen Wirtschaftssubjekte darzustellen, wird gezielt auf vier Bereiche der Bundesrepublik eingegangen. Hierzu zählt der Staatshaushalt, der

Bankensektor, die Volkswirtschaft sowie die privaten Haushalte. Die erlangten Erkenntnisse sollen im letzten Teil der Arbeit innerhalb einer Zusammenfassung dargelegt sowie die aufgeworfenen Forschungsfragen beantwortet werden. Weiterhin folgt eine kritische Würdigung und einer Betrachtung von Forschungsperspektiven.

1.2 Gang der Arbeit

Aufgrund des makroökonomischen Themengebietes und dem Ziel der ganzheitlichen Betrachtung der Wirtschaftssubjekte wurde sich für die Analyse sekundärer Daten entschieden. Hierzu wurden in einem ersten Schritt relevante Fachbücher zum Thema der Geldtheorie, der Geldpolitik sowie der Europäischen Zentralbank im Katalog der Universitätsbibliothek Erlangen-Nürnberg entliehen. Der Zeitraum der Literaturrecherche wurde hierbei im Theoriebereich nicht eingeschränkt, um auch auf die Anfänge der Forschung der Geldtheorie sowie -politik zurückblicken zu können. Fachbücher zur europäischen Zentralbank wurden vorwiegend im Erscheinungszeitraum von 2010- 2019 entliehen, da somit Bezug auf die Veränderung durch die Finanzkrise genommen werden konnte. Im weiteren Verlauf wurde auf Literatur und Internetquellen zurückgegriffen, welche in den Jahren 2000 bis 2019 erschienen sind. Hierbei handelt es sich meist um Kennzahlen und Auswertungen, die von Institutionen wie der Europäischen Zentralbank, der deutschen Bundesbank, dem Statistischen Bundesamt, dem Statistischen Amt der Europäischen Union sowie der Branchenverbände stammen. Aufgrund der Aktualität sowie des Nachhaltigkeitsgedankens der Einrichtungen waren die Informationen überwiegend digital einsehbar. Die gesammelten Daten werden innerhalb der Arbeit wie folgt dargestellt.

Zu Beginn wird auf die theoretischen Grundlagen eingegangen. Dabei werden die Modelle zur Quantitätstheorie nach Fisher sowie die Liquiditätspräferenztheorie nach Keynes gesondert hervorgehoben. Anschließend wird der Geldmarkt sowie der Zusammenhang zwischen Geld- und Gütermarkt aufgrund des IS-LM-Modells dargestellt. Außerdem wird auf die Transmissionskanäle eingegangen. Der theoretische Abschnitt wird durch die Betrachtung der Geldmengen und Geldschöpfung abgeschossen.

Im nächsten Abschnitt wird die EZB als geldpolitische Institution des Euroraumes beleuchtet. Hierbei wird die Organisation der Einrichtung näher erläutert. Anschließend werden die Ziele und Strategien der EZB offengelegt, um festzuhalten, welchen Aufgabenbereich die Institution abdeckt. Danach wird untersucht, mit welchen Mitteln die EZB den Geld- und Gütermarkt beeinflusst. Hierzu werden die geldpolitischen Instrumente sowie deren Entwicklung im Zeitverlauf erläutert. Zuerst wird auf die Mindestreservepflicht eingegangen, gefolgt von der Betrachtung der Fazilitäten und Offenmarktgeschäfte. Nach dem Beleuchten der konventionellen Maßnahmen werden die unkonventionellen Maßnahmen unter dem Punkt der quantitativen Lockerung thematisiert. Hierbei wird besonders auf die umstrittenen Wertpapierankaufprogramme eingegangen.

Nach Betrachtung der theoretischen Zusammenhänge sowie der EZB als steuernde Institution werden die Auswirkungen auf die Wirtschaftssubjekte der Bundesrepublik Deutschland untersucht. Hierbei wird zuerst die Entwicklung des Staatshaushaltes analysiert. Dieser Bereich unterteilt sich nochmals in die Betrachtung der Entwicklung und Auswirkungen auf die Staatsschulden sowie die Staatseinnahmen. Nach der Betrachtung des Staatshaushaltes wird der Bankensektor beleuchtet. Dieser stellt das Bindeglied zwischen Zentralbank und Nicht-Banken dar, weshalb ihm eine besondere Rolle innerhalb der Geldpolitik zukommt. Der Abschnitt teilt sich auf in die Entwicklung und Auswirkungen auf den Bankensektor und die Risikovorsorge des Bankensektors. Nach spezieller Betrachtung der Bankenbranche wird die deutsche Volkswirtschaft untersucht. Dieser Abschnitt ist nach den Zielen des Stabilitätsgesetzes gegliedert und umfasst die Entwicklung und Auswirkungen auf die Preisniveaustabilität, das Wirtschaftswachstum, den Beschäftigungsgrad und das außenwirtschaftliche Gleichgewicht. Die Entwicklung der Ziele wird jeweils durch eine oder mehrere ökonomische Kennzahlen dargestellt. Im Anschluss wird auf die Entwicklung sowie die Auswirkungen auf die privaten Haushalte Bezug genommen. Hierbei liegt der Fokus auf den Entwicklungen des privaten Vermögens beziehungsweise der Schulden. Zuerst werden unter dem Punkt des Finanzvermögens die Entwicklung des Bargeldes und der Einlagen betrachtet, anschließend wird auf die Entwicklung der Rückstellungen bei Lebens- und Rentenversicherungen eingegangen.

Die Auswirkungen auf das Sachvermögen werden anhand der Immobilienpreisentwicklung dargestellt. Abgeschlossen wird der Bereich durch die Analyse der Kreditvergabe- sowie Zinsentwicklung für private Haushalte.

Im Rahmen des letzten Kapitels werden die Erkenntnisse dieser Arbeit zusammengefasst und das Fazit gebildet. Hierbei werden die in der Einleitung formulierten Forschungsfragen beantwortet. Im weiteren Verlauf werden im Rahmen der kritischen Betrachtung Schwachstellen aufgezeigt, die bei einer nachgelagerten Untersuchung Berücksichtigung finden sollten. Darüber hinaus wird aufgezeigt aus welchen Perspektiven die vorliegende Arbeit erweitert werden könnte.

2 Theoretische Grundlagen

Vor Betrachtung der geldpolitischen Entwicklung sowie der Auswirkungen auf die Wirtschaftssubjekte soll auf die theoretischen Grundlagen Bezug genommen werden. Dies ist wichtig, um die Zusammenhänge zwischen geldpolitischen Maßnahmen und den darauffolgenden Gütermarktveränderungen zu verstehen. Weiterhin wird auf Schlüsselbegriffe für diese Arbeit eingegangen. Die theoretische Darstellung gliedert sich in drei Bereiche. Die geldtheoretischen Modelle, welche zum einen die klassische Quantitätstheorie nach Fisher darstellen. Diese wird ergänzt um die Cambridge-Gleichung nach Marshall. Weiterhin wird in diesem Teil die Auffassung nach Keynes erläutert und die Geldnachfragekurve sowie das IS-LM Modell beschrieben. Darauf folgt die Erläuterung der Transmissionskanäle, um die Wirkweise der geldpolitischen Maßnahmen auf den Gütermarkt zu verstehen. Zuletzt wird auf die Geldmenge und Geldschöpfung eingegangen. Hierbei wird die Geldmenge nach ihren Aggregaten aufgegliedert und beschrieben sowie die Entwicklung dargestellt. Abschließend rückt die Geldschöpfung in den Mittelpunkt der theoretischen Betrachtung.

2.1 Geldtheoretische Modelle

Um die Entwicklungen am Geldmarkt zu verstehen, muss die Funktionsweise erörtert werden. Hierfür wird zuerst der klassische Ansatz nach dem US-Ökonom Irving Fisher herangezogen. Die durch ihn aufgestellte Quantitätsgleichung zeigt den Zusammenhang zwischen Geldmenge, der Umlaufgeschwindigkeit des Geldes sowie dem Volkseinkommen auf. Die Gleichung lautet wie folgt:

$$M\,V = p\,Y. \tag{1}$$

Formel 1: Quantitätsgleichung
Quelle: In Anlehnung an *Jarchow, H.*, Geldtheorie, 2010, S. 144

Hierbei stellt M die Geldmenge und V die Umlaufgeschwindigkeit des Geldes innerhalb einer bestimmten Periode dar. Mit p wird das Preisniveau beschrieben und Y gibt das Volkseinkommen an.[5] Unter der Umlaufgeschwindigkeit versteht man die Wechselhäufigkeit des Geldes zwischen Marktteilnehmern.[6] Die Gleichung zeigt auf, dass sowohl die Geldmenge multipliziert um die Umlaufgeschwindigkeit, als auch das Preisniveau multipliziert mit den Volkseinkommen, die gleiche Höhe aufzeigen müssen. Dies impliziert, dass bei einer steigenden Geldmenge sowie einer konstanten Umlaufgeschwindigkeit die Preise für Güter und Dienstleistungen steigen.[7] Durch die Quantitätsgleichung wird aufgezeigt, welche Geldmenge für gehandelte Güter- und Dienstleistungen innerhalb einer Volkswirtschaft zu Verfügung stehen muss. Auf diese Gleichung baut der Ökonom Alfred Marshall seine Kassenhaltungstheorie auf. Die sogenannte Cambridge-Gleichung lautet wie folgt.

$$M = k\,p\,Y. \qquad (2)$$

Formel 2: Cambridge-Gleichung
Quelle: In Anlehnung an Jarchow, H., Geldtheorie, 2019, S. 145

Hierbei stellt M wieder die Geldmenge dar, k verbildlicht den Kassenhaltungskoeffizienten, auch Cambridge-k genannt und pY stellt das nominale Inlandsprodukt dar. Hierbei gilt k als exogen gegebene Kassenhaltungsgewohnheit. Diese Gleichung soll das Gleichgewicht zwischen Geldangebot (M) und Geldnachfrage darstellen. Die rechte Seite der Gleichung spiegelt somit die Faktoren der Geldnachfrage (L) wider.[8] Dies zeigt auf, dass die klassischen Ansichten, vertreten durch Fisher und Marshall, von einer direkten Auswirkung der Geldmengenänderung auf die Inflation ausgehen.

Diese Modelle werden im Zeitverlauf durch die Kassenhaltungsmodelle nach John Maynard Keynes ergänzt. Seine Liquiditätspräferenztheorie berücksichtigt, im Gegensatz zur Quantitätstheorie, Geldhaltung aus Gründen der

---

5 Vgl. *Jarchow, H.*, Geldtheorie, 2010, S. 143 ff.
6 Vgl. *Bacher, U. et al.*, Inflation, 2017, S. 117.
7 Vgl. *Jarchow, H.*, Geldtheorie, 2010, S. 144.
8 Vgl. *Jarchow, H.*, Geldtheorie, 2010, S. 144 f.

Risikovorsorge sowie in Abhängigkeit von Marktzinsen.[9] Das Modell greift auf drei unterschiedliche Kassenhaltungsmotive zurück. Das Transaktionsmotiv beschreibt die Kassenhaltung, also die Haltung von Geld und Sichteinlagen, für geplante Ausgaben. Die Transaktionskasse ist abhängig vom Volkseinkommen.[10] Die Vorsichtskasse stellt die Kassenhaltung für ungeplante Ausgaben dar. Zuletzt folgt die Spekulationskasse, welche in Zusammenhang mit einer Anlage in Wertpapiere steht. So spielen bei der Spekulationskasse die aktuelle Rendite sowie die subjektive Zinserwartung des Individuums eine Rolle. Demnach werden Wertpapierbestände aufgelöst, wenn das Individuum in Zukunft höhere Renditen erwartet. Durch die Veräußerung der Wertpapierbestände steigt die Kassenhaltung.[11] Die Geldnachfrage bündelt die drei Kassenhaltungsprinzipien in einer Nachfragekurve (L). Die nachfolgende Grafik zeigt die Verschiebung der Geldnachfragekurve bzw. des Geldangebotes aufgrund zweier beispielhafter Szenarien. Dabei stellt L die Geldnachfrage dar. Diese ist abhängig vom Zinssatz (i) und dem Volkseinkommen (Y).[12] Das Geldangebot wird durch M definiert.

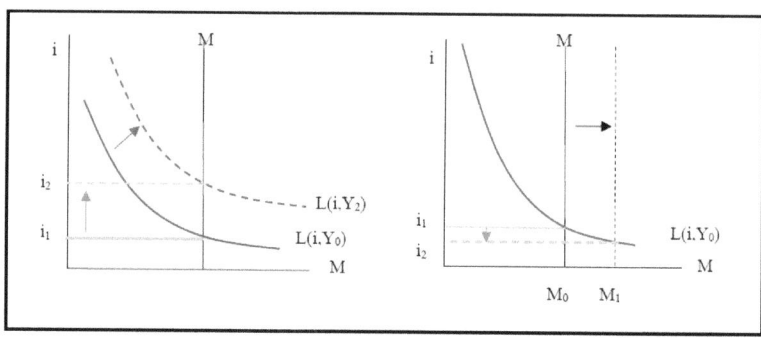

Abbildung 1: Veränderung der Geldnachfrage- bzw. Geldangebotskurve
Quelle: In Anlehnung an *Premer, M.*, Makroökonomie, 2015, S. 172

---

[9] Vgl. *Willke, G., Willke H.*, Political Governance, 2012, S. 30.
[10] Vgl. *Jarchow, H.*, Geldtheorie, 2019, S. 64.
[11] Vgl. *Jarchow, H.*, Geldtheorie, 2010, S.63 ff.
[12] Vgl. *Jarchow, H.*, Geldtheorie, 2010, S. 96.

Steigt beispielsweise das Volkseinkommen bei gleichbleibendem Zinssatz, steigt auch die Geldnachfrage – es kommt ein neuer Gleichgewichtszinssatz (i_2) zustande (linke Abbildung). Dies resultiert daraus, dass durch das erhöhte Volkseinkommen die Transaktionskassenhaltung zunimmt.[13] Darüber hinaus kann der Geldmarkt durch Veränderung des Geldangebotes (M) beeinflusst werden (rechte Abbildung). Erhöht sich die Geldmenge, beispielsweise durch erhöhte Kreditvergabe der EZB, sinkt der Gleichgewichtszins (i_2).[14]

Somit ist festzuhalten, dass sich die Geldnachfrage proportional zum Volkseinkommen verändert. Weiterhin fällt auf, dass die Geldnachfrage steigt, sobald der Marktzins sinkt, und umgekehrt.[15] Bei der klassischen wie auch der Auffassung nach Keynes wird jedoch ein mögliches Ventil übersehen – der Kapitalmarkt. Eine steigende Geldmenge kann sich auch in der Erhöhung von Vermögensgütern niederschlagen.[16] Weiterhin ist darauf einzugehen, dass die soeben beschriebenen Mechanismen in der Liquiditätsfalle außer Kraft gesetzt werden können. Diese tritt ein, wenn die Spekulationskasse aufgrund von Erwartungen der Zinssteigerungen in der Zukunft sowie eines aktuellen Nullzinsniveaus, komplett gefüllt wird. Dieses Szenario führt dazu, dass selbst bei steigender Geldmenge keine zusätzliche Nachfrage stattfindet. Daraus folgt, dass die Geldmarktänderung sich nicht auf den Gütermarkt und damit auf die Gütermarktpreise auswirkt[17]. Der genaue Zusammenhang zwischen Geld- und Gütermarkt wird im nachfolgenden beschrieben. Das IS-LM-Modell zeigt den Gleichgewichtspunkt zwischen Geld- und Gütermarkt auf.

---

[13] Vgl. *Jarchow, H.*, Geldtheorie, 2010, S. 71.
[14] Vgl. *Jarchow, H.*, Geldtheorie, 2010, S. 97 ff.
[15] Vgl. *Jarchow, H.*, Geldtheorie, 2010, S. 96.
[16] Vgl. *Bacher, U., et al.*, Inflation, 2017, S.123.
[17] Vgl. *Cabral N. d. C., et al.*, Liquid Trap, 2016, S. 236.

Theoretische Grundlagen

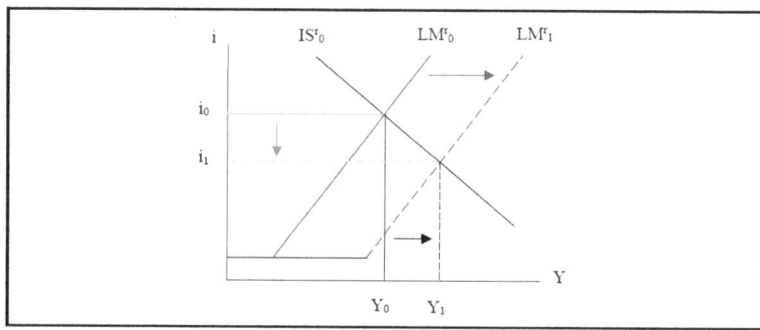

Abbildung 2: IS-LM Modell
Quelle: In Anlehnung an *Wienert, H.*, Makroökonomie, 2008, S. 92

Innerhalb des Modelles stellt die IS-Kurve das Gütermarktgleichgewicht da. Somit beschreibt sie alle möglichen Kombinationen von Zins (i) und Volkseinkommen (Y) bei dem der Gütermarkt im Gleichgewicht ist.[18] Die LM-Kurve vermittelt das Geldmarktgleichgewicht. Diese Kurve zeigt das Geldmarktgleichgewicht resultierend aus der Kombination von Zinssatz (i) und Volkseinkommen (Y) auf. Der Schnittpunkt der beiden Kurven definiert den Gleichgewichtspunkt zwischen Geld- und Gütermarkt. Eine Änderung des Gleichgewichtspunktes tritt immer dann ein, wenn sich die Faktoren des Güter- oder Geldmarktgleichgewichts ändern. Dies kann beispielsweise durch eine Geldmengenerhöhung durch die EZB geschehen, welche in der vorangegangenen Grafik angenommen wird. Die Erhöhung führt zu einer Verschiebung der LM-Kurve nach rechts und dadurch zu einem neuen Gleichgewichtspunkt, welcher eine Erhöhung des Volkseinkommens (Y_1) aufzeigt. Gleichzeitig sinkt der Zinssatz (i_1).[19]

---

[18] Vgl. *Willke, G., Willke H.*, Political Governance, 2012, S. 30.
[19] Vgl. *Wienert, H.*, Makroökonomie, 2008, S. 92 ff.

2.2 Transmissionskanäle

Nachdem auf die geldtheoretischen Modelle eingegangen wurde, sollen nun noch die Transmissionskanäle erklärt werden. Hierunter versteht man einen Prozess, durch den geldpolitische Maßnahmen Auswirkung auf die Volkswirtschaft haben.[20] Dieser Prozess besteht aus fünf verschiedenen Transmissionskanälen, die jeweils die verschiedenen Wege der Wirkungsprozesse aufzeigen.

Die Transmissionskanäle werden unter Berücksichtigung einer expansiven Geldpolitik erläutert. Der Zinskanal stellt einen wichtigen Transmissionskanal dar. So sinkt durch die expansive Geldpolitik, beispielsweise durch das Absenken der Leitzinsen, auch der Zins am Geldmarkt und schlussendlich die Zinsen für Nicht-Banken. Folglich führt eine Senkung der Leitzinsen zu niedrigeren Zinsen für Anlagen auf dem Markt. Dies wiederrum hat, unter der Annahme, dass die Inflations- sowie Ertragserwartung der Marktteilnehmer gleichbleiben, die Folge, dass die Investitionen steigen, da der Realzinssatz und die Kapitalkosten sinken. Des Weiteren sinkt in der Regel das Volumen für Spareinlagen, sofern nicht von einer kurzfristigen Zinsänderung auszugehen ist, da das gehortete Kapital für Investitionen und Konsumausgaben genutzt wird. Diese Punkte führen zu einer Nachfrageerhöhung. Die gestiegene Nachfrage nach Gütern wird durch eine Preiserhöhung kompensiert. Neben der Erhöhung der Inflationsrate hat der Vorgang in vielen Fällen Auswirkungen auf die Arbeitslosigkeit, da die erhöhte Güternachfrage mit einer Kapazitätsauslastung und der Erhöhung der Arbeitskräfte einhergeht. Die sinkende Arbeitslosigkeitsquote sorgt dafür, dass das Angebot auf dem Arbeitsmarkt geringer wird. Daraus resultiert tendenziell die Erhöhung der Löhne. Da die Unternehmen die Kostenerhöhungen meist in ihren Produktpreis einkalkulieren, erhöht das die Produktpreise erneut.[21]

---

[20] Vgl. *Gorthmanns, R.,* Geldpolitik, 2008, S. 9.
[21] Vgl. *Spahn, P.,* Geldpolitik, 2012, S. 107 ff.

Die Entwicklung des Vermögenskanals verhält sich analog. Steigen die Preise von Sachanlagen, wie beispielsweise Immobilien oder Aktien, durch die Zinssenkung, so wird das Vermögen der Anleger größer. Daraus resultiert eine erhöhte Nachfrage nach Gütern, wodurch die unter dem Zinskanal erklärten Schritte folgen. Im Zusammenhang mit dem Wertzuwachs der Vermögenswerte steht auch der Bilanzkanal. Durch die steigenden Preise der Sicherheiten ist es den Banken möglich, Kredite mit größerem Volumen herauszugeben. Neben der erhöhten Geldmenge steigt auch die gesamtwirtschaftliche Nachfrage, was zur Inflationserhöhung führt.

Durch die Wertsteigerung der Sicherheiten können Banken die Ausleihungen günstiger refinanzieren. Hierdurch wird die Kreditvergabe erhöht. Die daraus resultierende Steigerung der gesamtwirtschaftlichen Nachfrage ist dem Kreditkanal zuzuschreiben.[22]

Zuletzt ist der Wechselkurskanal zu nennen. Bei sinkenden Zinsen sinkt die Attraktivität der heimischen Geldanlagen. Daraufhin sinkt das Anlagevolumen in Euro – die Währung wertet ab. Dies hat zur Folge, dass die inländischen Güter im internationalen Vergleich günstiger werden. Anschließend erhöht sich die Nachfrage – die Inflationsrate steigt. Die Auswirkungen auf Produktion, Arbeitslosigkeit, Löhne und Preise verhalten sich analog des vorher beschriebenen Zinskanals.[23] Zum besseren Verständnis werden die Kanäle in der Abbildung 3 dargestellt.

Die gesamtwirtschaftliche Nachfrageentwicklung ist jedoch nicht nur auf die Geldpolitik zurückzuführen. Änderungen des Nachfrageverhaltens können beispielsweise auf Steueränderungen, Handelskriege oder Rohstoffpreiserhöhungen zurückzuführen sein. Diese Einflussfaktoren können durch die Geldpolitik nicht tangiert werden.[24]

---

[22] Vgl. *Jarchow, H.*, Geldpolitik, 2009, S. 162.
[23] Vgl. *Spahn, P.*, Geldpolitik, 2012, S.108.
[24] Vgl. *https://www.oenb.at/Geldpolitik/Wirkung-der-Geldpolitik.html*, Zugriff am 17.12.2019.

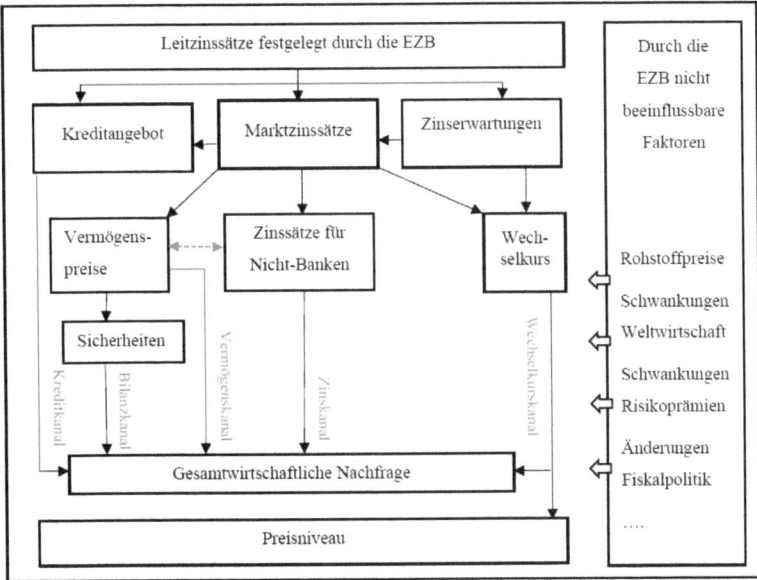

Abbildung 3: Geldpolitische Transmissionskanäle
Quelle: In Anlehnung an https://www.oenb.at/Geldpolitik/Wirkung-der-Geldpolitik.html, Zugriff am 17.12.2019

2.3 Geldmengen und Geldschöpfung

Nach der Betrachtung der geldtheoretischen Modelle sowie der Transmissionskanäle soll die Geldmenge und die Geldschöpfung in den Vordergrund rücken. Zuerst soll jedoch auf die Erscheinungsformen und Funktionen des Geldes genauer eingegangen werden. Zur heutigen Zeit wird Geld meistens als allgemeiner Ausdruck für Bar- und Buchgeld verwendet. Unter Bargeld versteht man Münzen und Noten, welche als gesetzliches Zahlungsmittel gelten. Dies bedeutet, das Geld – Münzen bis zu einer Anzahl von 50 Stück, Noten unbegrenzt – im Inland angenommen werden müssen. Das Buchgeld, auch Giralgeld genannt, stellt Forderungen gegenüber (Zentral-)Banken dar, welche jederzeit verfügbar sind. Darunter fallen beispielsweise Gelder auf Girokonten oder Tagesgeldern.[25] Geld hat zudem drei essenzielle Funktionen. Die Tauschfunktion beschreibt die Akzeptanz als allgemeines Zahlungsmedium.

---

[25] Vgl. *Jarchow, H.*, Geldtheorie, 2010, S. 4 ff.

Weiterhin dient es als Recheneinheit. Zuletzt hat es eine Wertaufbewahrungsfunktion, welche es ermöglicht, Geldbestände zu horten und zu einem späteren Zeitpunkt gegen Ware einzutauschen.[26] Die Erscheinungsform des Geldes hat auch Einfluss auf die Klassifizierung der Geldmengen. Die Geldmenge kann in drei Geldaggregate unterteilt werden. Die Geldmenge M1 stellt die Summe des Bargeldumlaufes und die Sichteinlagen dar. Genauer definiert man diese Geldmenge als das Ergebnis aus täglich fälligen Einlagen, abzüglich der Kassenbestände der Kreditinstitute und Zentralregierungen. In dieser Geldmenge steht die Funktion des Tauschmittels im Vordergrund. Erweitert man die Geldmenge M1 um Einlagen mit Laufzeiten von bis zu zwei Jahren und Kündigungsfristen von bis zu drei Monaten so erhält man die Geldmenge M2. In dieser Geldmenge wird die Funktion des Geldes als Tauschmittel zurückgestellt und die Funktion als Wertaufbewahrungsmittel rückt weiter in den Vordergrund. Die Wertaufbewahrungsfunktion wird in der Geldmenge M3 besonders herausgestellt. Sie setzt sich aus der Geldmenge M2 und den Verbindlichkeiten aus Repotgeschäften sowie Schuldverschreibungen mit Laufzeiten bis zwei Jahren und Geldmarktpapieren sowie Gelmarktfondsanteile zusammen.[27] Unter Repotgeschäften, auch Repo genannt, versteht man Finanztransaktionen mit Rückkaufvereinbarungen.[28] Maßgeblich für die EZB zur Festhaltung der Geldmengenentwicklung ist das Geldaggregat M3, da diese Menge von Schwankungen der Geldmenge durch beispielsweise Transaktionen von Sichteinlagen in kurzfristige Anlagen bereinigt ist. So wird hier ein Wachstum von 4,5 % pro Jahr angepeilt, um das Hauptziel der EZB zu begünstigen.[29]

---

[26] Vgl. *Jarchow, H.*, Geldtheorie, 2010, S. 1 ff.
[27] Vgl. *Jarchow, H.*, Geldtheorie, 2009, S. 9.
[28] Vgl. *Dornbusch, R., et al.*, Makroökonomik, 2003, S. 470.
[29] Vgl. *Wildmann, L.*, Geldmengenwachstum, 2012, S. 141.

Theoretische Grundlagen

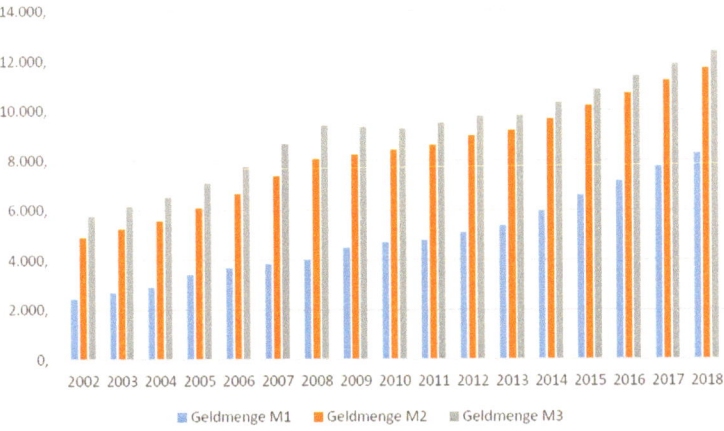

Abbildung 4: Geldmengenentwicklung im Eurowährungsgebiet in Mrd. Euro
Quelle:[30]

---

[30] In Anlehnung an *http://sdw.ecb.europa.eu/browseTable.do?org.apache.struts.taglib.html.
TOKEN=fc462b5d5ad3c13047c449843206351b&df=true&ec=1&dc=&oc=0&pb=1&rc=0
&DATASET=0&removeItem=&removedItemList=&mergeFilter=&activeTab=BSI&showHide=&MAX_DOWNLOAD_SERIES=500&SERIES_MAX_NUM=50&node=SEARCHRESULTS&q=BSI.M.U2.Y.V.M10.X.1.U2.2300.Z01.E&type=series&legendRef=reference*,
Zugriff am 17.12.2019 | *http://sdw.ecb.europa.eu/browse-
Table.do?org.apache.struts.taglib.html.TO-
KEN=9f3d71937f5e01d0899abb646f1e6560&df=true&ec=1&dc=&oc=0&pb=1&rc=0&DATASET
=0&removeItem=&removedItemList=&mergeFilter=&activeTab=BSI&showHide=&MAX_DOWNLOAD_SERIES=500
&SERIES_MAX_NUM=50&node=SEARCHRES-
ULTS&q=BSI.M.U2.Y.V.M20.X.1.U2.2300.Z01.E&type=series&legendRef=reference*, Zugriff am
17.12.2019 | *http://sdw.ecb.europa.eu/browseTable.
do?org.apache.struts.taglib.html.TO-
KEN=3bb8ef8aaf5623d5cebb6db7511c1c7c&df=true&ec=1&dc=&oc=0&pb=1&rc=0&DATA-
SET=0& removeItem=&removedItemList=&mergeFilter=
&activeTab=BSI&showHide=&MAX_DOWNLOAD_SERIES=500&SE-
RIES_MAX_NUM=50&node=SEARCHRESULTS&q=BSI.M.U2.Y.V.M30.X.1.U2.2300.Z01.E&type=series&legendRef=reference&
trans=N*, Zugriff am 17.12.2019

In der vorangegangenen Statistik wird deutlich, dass sich die Geldmenge im Zeitverlauf sukzessive erhöht hat. Das Wachstum von M3 lag zuletzt in den Jahren 2011, 2014 und 2018 unter dem Wachstumsziel von 4,5% im Vergleich zum Vorjahr.[31]

Das Geldmengenwachstum kann durch zwei Vorgänge beeinflusst werden. Die primäre Geldschöpfung definiert die Schöpfung von Banknoten und Münzen durch die Zentralbank. Das Geld gelangt durch Transaktionen mit Geschäftsbanken in den Umlauf. Hierzu zahlt die Zentralbank bei Kreditgeschäften das neu geschaffene Geld aus. Somit erhöht sich die Geldmenge. Umgekehrt findet eine Geldvernichtung statt, sobald die Bank ihre Verbindlichkeiten zurückgezahlt hat. Die Sekundärschöpfung erfolgt durch die Banken, welche die Geldmenge durch Kreditvergaben vervielfachen.[32] Dieser Vorgang soll durch das folgende Beispiel verdeutlicht werden. Die Bank A nimmt einen Kredit bei Bank B über 1 Mio. Euro auf, abzüglich der Mindestreserve (siehe Kapitel 3.2.1) bleiben der Bank A 990.000 Euro, welche sie in Form von Krediten an Bank C weiterverleiht. Somit hat sich die Geldmenge von ursprünglich 1 Mio. Euro auf 1.990.000 Euro erhöht, unter Berücksichtigung, dass die Mittel nicht bar verfügt wurden. Wird dieser Vorgang wiederholt sowie von weiteren Kreditinstituten durchgeführt, erhöht sich die Geldmenge ständig.[33] Auf die beschriebenen Vorgänge wird im Verlauf der Arbeit zurückgegriffen.

---

[31] Vgl. *http://sdw.ecb.europa.eu/browseTable.do?org.apache.struts.taglib.html.TOKEN =3bb8ef8aaf5623d5cebb6db7511c1c7c&df=true&ec=1&dc=&oc=0&pb=1&rc=0&DATA-SET=0&removeItem=&removedItemList=&mergeFilter=&active-Tab=BSI&showHide=&MAX_DOWNLOAD_SERIES=500&SERIES_MAX_NUM=50&node=SEARCH RESULTS&q=BSI.M.U2.Y.V.M30.X.1.U2. 2300.Z01.E&type=series&legendRef=reference&trans=N*, Zugriff am 17.12.2019.
[32] Vgl. *Kampmann, R., Walter, J.*, Geldschöpfung, 2010, S. 55 ff.
[33] Vgl. *Jarchow, H.*, Geldtheorie, 2010, S. 13.

3 Europäische Zentralbank als Institution

Der stufenweise Zusammenschluss europäischer Länder zu einer gemeinsamen Wirtschafts- und Währungsunion (WWU) führte im Januar 1999 zur Schaffung eines gemeinsamen geldpolitischen Systems, des europäischen Systems der Zentralbanken (ESZB). Dieses besteht aus der Europäischen Zentralbank und den nationalen Zentralbanken (NZBen) der Mitgliedsstaaten der Europäischen Union (EU).[34] Die EZB stellt das Herzstück der ESZB dar und ist als offizielle Institution der europäischen Union mit der Abwicklung der Geldpolitik im Eurosystem betraut. Somit hat sie das alleinige Recht die Ausgabe neuer Eurobanknoten, die Stückzahl der Münzprägungen und die Einleitung von geldpolitischen Maßnahmen zu beschließen.[35] Das ESZB besteht aus drei Beschlussorganen, dem Direktorium, dem EZB-Rat sowie dem Erweiterten EZB-Rat.[36]

Die genaue Zusammensetzung soll durch die Abbildung 5 verdeutlich werden.

Das EZB-Direktorium besteht aus der Präsidentin der EZB, aktuell Christine Lagarde, dem Vizepräsidenten Luis de Guindos und vier weiteren Mitgliedern der EZB, welche vom Europäischen Rat ernannt werden. Zu den Aufgaben des Direktoriums gehören unter anderem die Vorbereitung von EZB-Rats-Sitzungen, die Durchführung der getroffenen Entscheidungen des EZB-Rats und die Delegation von Aufgaben an die nationalen Zentralbanken (NZBen) sowie die Führung des Geschäftsbetriebs der Zentralbank.[37]

Der EZB-Rat umfasst die Mitglieder des Direktoriums und die Präsidenten der NZBen, der Länder im Euroraum. In ihm werden alle Beschlüsse und Leitlinien zur Geldpolitik im Eurowährungsraum getroffen, damit kommt dem EZB-Rat die Schlüsselfunktion der Organe zu.[38] Bei Abstimmungen über neue

---

[34] Vgl. *Haan, J., et al.*, ESCB, 2005, S. 10.
[35] Vgl. *Jarchow, H.*, Geldpolitik, 2009, S. 121f.
[36] Vgl. https://www.europarl.europa.eu/factsheets/de/sheet/13/die-europaische-zentralbank-ezb-, Zugriff am 17.12.2019.
[37] Vgl. https://www.ecb.europa.eu/ecb/orga/decisions/eb/html/index.de.html, Zugriff am 17.12.2019.
[38] Vgl. *Jarchow, H.*, Geldpolitik, 2009, S. 125 f.

Regelungen oder Maßnahmen hat jedes Mitglied des Direktoriums ein Stimmrecht. Die Präsidenten der fünf nationalen Zentralbanken mit der größten Volkswirtschaft sowie dem größten Finanzsektor erhalten zusammen vier Stimmrechte. Die restlichen 14 Mitgliedsstaaten erhalten elf Stimmrechte. Durch Rotation der Stimmrechte unter den Präsidenten der Notenbanken wird sichergestellt, dass jeder Staat ein Mitspracherecht bei den Entscheidungen erhält.[39]

Das dritte Organ ist der Erweiterte EZB-Rat. Dieser wird durch den Präsidenten und Vizepräsidenten der EZB sowie allen Präsidenten der EU-Zentralbanken repräsentiert. Da die geldpolitischen Maßnahmen der Nicht-Euro-Staaten dezentral geregelt werden, hat der Erweiterte Rat vorwiegend organisatorische und beratende Aufgaben.[40]

Neben der geldpolitischen Steuerung der europäischen Mitgliedsstaaten zählt auch die Aufsicht der Banken zu den Tätigkeitsbereichen der EZB. Das Aufsichtsgremium besteht aus dem Vorsitzenden, dem Stellvertreter sowie vier weiteren Mitgliedern der EZB und den Vertreterinnen und Vertretern der nationalen Aufsichtsbehörden. Das Gremium behandelt ausschließlich aufsichtsrechtliche Themen und benötigt zur Umsetzung jeweils die Zustimmung des EZB-Rates.[41]

Die genannten Beschlussorgane sowie die Möglichkeit des Rückgriffs auf die Ressourcen der nationalen Zentralbank helfen der Institution dabei, die geldpolitischen Angelegenheiten im gesamten Euroraum zu koordinieren. Die damit verfolgten Ziele und Strategien werden im nächsten Abschnitt erläutert.

---

[39] Vgl. *Kaltenthaler, K.*, ECB, 2006, S. 68.
[40] Vgl. *https://www.ecb.europa.eu/ecb/orga/decisions/genc/html/index.de.html*, Zugriff am 17.12.2019.
[41] Vgl. *https://www.ecb.europa.eu/ecb/orga/decisions/ssm/html/index.de.html*, Zugriff am 17.12.2019.

Europäische Zentralbank als Institution

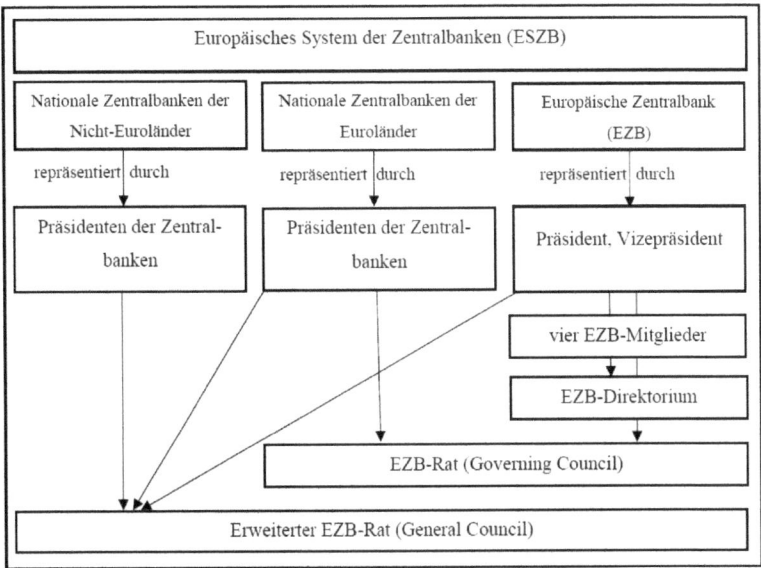

Abbildung 5: Organe der Europäischen Zentralbank
Quelle: In Anlehnung an http://www.europarl.europa.eu/factsheets/de/sheet/13/die-europäische-zentralbank-ezb, Zugriff am 17.12.2019

3.1 Ziele und Strategien der Europäischen Zentralbank

Das Hauptziel der Europäischen Zentralbank liegt darin, die Preisstabilität im Euroraum sicherzustellen. Dies ist aus Sicht der Ökonomen der EZB gewährleistet, sofern der harmonisierte Verbraucherpreisindex (HVPI) eine Erhöhung von „unter, aber nahe zwei Prozent"[42] im Vergleich zum Vorjahr verzeichnet.[43]

Um die Preisstabilität im Euroraum aufrecht zu erhalten, führt die EZB monetäre sowie wirtschaftliche Analysen durch und stimmt danach die geldpolitischen Maßnahmen ab. Die Zweiteilung der Analysen in die wirtschaftliche Säule sowie die monetäre Säule gibt dem Modell den Namen des Zwei-Säulen-Systems. Um einen gesamtwirtschaftlichen Überblick über die Wirtschaft der Euro-Staaten zu erhalten, bedient sich die EZB an verschiedensten

---

[42] Vgl. *Europäische Zentralbank*, Inflationsziel, 2011, S. 69.
[43] Vgl. ebd.

Statistiken, Tools und Umfragen. Die hierdurch gesammelten Daten werden durch Experten der NZBen sowie der EZB interpretiert und die Entwicklung unter Annahme eines Szenarios dargestellt. Da die wirtschaftlichen Daten teilweise sehr schwanken und auch die Expertenmeinungen zu bestimmten Themen auseinander gehen, stellt die erste Säule der EZB-Strategie eine kurz- bis mittelfristige Analyse der Preisstabilität dar. Die monetäre Analyse bildet hierzu das Gegenstück. Sie zählt als mittel- bis langfristiges Analysetool und untersucht die Beziehung zwischen Geldmengenwachstum und Inflation. Ziel ist die Ermittlung der Grunddynamik des Geldmengenwachstums.[44] Die ausführlichen Analysen schaffen ein Gesamtbild der europäischen Wirtschaft, nach dem die EZB die geldpolitischen Maßnahmen zur Sicherung der Preisniveaustabilität auswählen kann.

Neben dem Hauptziel, der Preisniveaustabilität, ist es ein Ziel der EZB die allgemeine Wirtschaftspolitik der EU zu fördern, sofern dies nicht mit Interferenzen für das Hauptziel einher geht.[45] Darüber hinaus legt die Institution großen Wert auf die transparente Gestaltung und Kommunikation der geldpolitischen Maßnahmen. Die transparente Kommunikation wird auch aus dem Grund betrieben, dass die Marktteilnehmer ihre Erwartungen bezüglich der Inflation und weiterer Entwicklungen an die kommunizierten Ziele anpassen und somit die geldpolitischen Maßnahmen unterstützen oder beschleunigen.[46] Um diesem Ziel nachzukommen werden wöchentlich Bilanzen sowie Monatsberichte und weitere Dokumente für die Öffentlichkeit zur Verfügung gestellt. Weiterhin ist zu nennen, dass die EZB eine unabhängige Einrichtung darstellt, welche losgelöst von der EU sowie den Mitgliedsstaaten agiert. Auch das Vermögen der EZB steht in keinerlei Verbindung mit der EU, das Kapital wird durch die Einlagen der europäischen NZBen gestellt.[47] Die Gesamtkapitalhöhe beträgt 10.825.007.069,61 Euro. Auf die deutsche Bundesbank entfallen hiervon 1.988.229.048,48 Euro, was 18,367 % der Gesamtsumme und damit den größten Anteil ausmacht. Die Gewinne wie auch

---

[44] Vgl. *Anderegg, R.*, Zwei-Säulen-System, 2014, S. 351 ff.
[45] Vgl. *Jarchow, H.*, Geldpolitik, 2009, S. 122.
[46] Vgl. https://www.ecb.europa.eu/ecb/orga/transparency/html/index.de.html, Zugriff am 17.12.2019.
[47] Vgl. https://www.ecb.europa.eu/ecb/orga/independence/html/index.de.html, Zugriff am 17.12.2019.

Verluste der EZB werden, sofern der Betrag die dafür vorgesehene Reserve über- oder unterschreitet, über die NZBen der EU-Währungsraumes aufgeteilt.[48] Des Weiteren ist gesetzlich verankert, dass es der EZB verboten ist, Kredite an Institutionen der EU oder nationale Institutionen des öffentlichen Rechts zu vergeben.[49] Im Gegenzug der Freiheiten, welche die EZB durch die Unabhängigkeit erhält, hat sie eine Rechenschaftspflicht und muss die getroffenen Entscheidungen vor dem Europäischen Parlament und regelmäßig vor dem Rat der EU begründen.[50] Durch diese, im Vertrag zur Gründung der europäischen Gemeinschaft verankerten Gesetze, Ziele und Strategien soll eine klare Richtlinie für die Institution definiert werden, die diese dazu berechtigt, die geldpolitischen Instrumente bestmöglich einzusetzen.

3.2 Geldpolitische Instrumente der Europäischen Zentralbank

Die nachfolgenden Kapitel 3.2.1 bis 3.2.4 erklären die Wirkweise und Entwicklung der Instrumente der Geldpolitik der EZB. Die Mindestreserve, die Fazilitäten sowie die Offenmarktgeschäfte gehören zu den Standardinstrumenten der Geldpolitik. Neben diesen Instrumenten wurden, um die Liquiditätsfalle zu umgehen und das Preisniveau weiter zu beeinflussen, die geldpolitischen Maßnahmen um die unkonventionellen Instrumente erweitert.[51] Diese werden unter dem Punkt der quantitativen Lockerung aufgeführt. Die beschriebenen Instrumente werden nur zwischen der EZB beziehungsweise den NZBen und den zugelassenen Geschäftspartnern abgewickelt. Ein Kreditinstitut zählt als Geschäftspartner, wenn es folgende Voraussetzungen erfüllt: Die Institute müssen in das Mindestreservesystem des Eurosystems eingeschlossen sein. Weiterhin müssen sie einer Aufsichtsbehörde auf Unions- oder EWR-Ebene oder einer Aufsichtsbehörde die vergleichbare Standards aufweist, unterliegen. Die Institute müssen finanziell

---

[48] Vgl. https://www.ecb.europa.eu/ecb/orga/capital/html/index.de.html, Zugriff am 17.12.2019.
[49] Vgl. *Jarchow, H.*, Geldpolitik, 2009, S. 124f.
[50] Vgl. https://www.ecb.europa.eu/ecb/orga/accountability/html/index.de.html, Zugriff am 17.12.2019.
[51] Vgl. *Görgens, E., et al.*, Geldpolitik, 2014, S. 286.

solide sein und die öffentlich-rechtlichen Regelungen der heimischen NZBen sowie der EZB erfüllen.[52]

3.2.1 Mindestreservepflicht

Ein geldpolitisches Mittel stellt die Mindestreservepflicht dar. Hierunter versteht man die Pflicht der Kreditinstitute im Euroraum, Liquidität auf den bei den NZB geführten Girokonten zu hinterlegen. Die Höhe der geparkten Liquidität richtet sich nach der Höhe der Mindestreservebasis multipliziert mit dem Mindestreservesatz. Der Mindestreservesatz. beträgt seit dem 18.01.2012 1%, davor lag er bei 2% der Mindestreservebasis.[53] Die Mindestreservebasis errechnet sich durch die Verbindlichkeiten des Kreditinstitutes, die durch die Annahme von Geldern entstehen. Hierzu zählen Einlagen sowie ausgegebene Schuldverschreibungen.[54] Nicht beachtet werden Einlagen mit vereinbarter Laufzeit oder Kündigungsfrist von über zwei Jahren sowie Repotgeschäfte und Schuldverschreibungen mit vereinbarter Laufzeit von mehr als zwei Jahren. Die Mindestreservebasis wird jeweils anhand der Verbindlichkeiten zwei Monate vor dem Beginn der Erfüllungsperiode festgelegt.[55] Durch die Erhöhung bzw. Senkung beeinflusst die EZB die Geldschöpfung. Nimmt man beispielsweise an, dass eine Geschäftsbank 1 Mio. Euro vom Kunden zur Anlage annimmt, müssen von diesem Betrag aktuell 10.000 Euro als Mindestreservesoll verwahrt werden, der Differenzbetrag von 990.000 Euro, auch Überschussreserve genannt, kann als Kredit ausgereicht werden. Würde der Mindestreservesatz bei 20% liegen, könnte die Geschäftsbank durch die Anlage einen Betrag von 800.000 Euro als Kredit vergeben – die Geldschöpfung wäre geringer und dadurch das Angebot verknappt.[56] Für das Mindestreservesoll besteht nicht die Pflicht den Betrag über die Laufzeit fest auf einem Girokonto zu hinterlegen. Ausschlaggebend für die Erreichung der Vorgaben ist der Durchschnittswert der Einlagen. Hierdurch kann die

---

[52] Vgl. *Kriener, E.,* Bankensektor, 2002, S. 52 f.
[53] Vgl. https://www.bundesbank.de/de/aufgaben/geldpolitik/mindestreserven/mindestreserven-602268, Zugriff am 17.12.2019.
[54] Vgl. https://www.ecb.europa.eu/ecb/legal/pdf/l_25020031002de00100016.pdf, Zugriff am 17.12.2019.
[55] Vgl. ebd.
[56] Vgl. *Jarchow, H.,* Geldtheorie, 2010, S 75 ff.

betroffene Bank flexibler auf Liquiditätsschwankungen am Markt reagieren.[57] Des Weiteren erhält die Bank auf das angelegte Reservesoll eine Zinsvergütung in Höhe des Zinssatzes des Hauptrefinanzierungssatzes (siehe Kapitel 3.2.3).[58] Sollte eine Geschäftsbank die Vorschriften zur Mindestreservehaltung nicht einhalten, kann die EZB Sanktionen verhängen.[59]

Im Zuge der Geldmengenerhöhung kommt es jedoch vermehrt dazu, dass Banken mehr Geld als die zu haltende Mindestreserve auf den Konten der EZB anlegen. Dieses Kapital nennt man Überschussliquidität oder Überschussreserve. Die Überschussreserve wurde bis zum 29.10.2019 mit dem Zinssatz für Einlagefazilitäten, welcher nachgehend beschrieben wird, verzinst. Um die Bankenbranche zu entlasten, wurde ein zweistufiges System eingeführt. Bei diesem wird die Überschussreserve, bis zur Höhe des sechsfachen des Mindestreservesolls, mit einem Zinssatz von 0,00% verzinst. Die Beträge, die darüber hinaus gehen, werden weiterhin mit dem Zinssatz der Einlagefazilität verzinst. Um die genannten Verzinsungen zu erhalten, müssen die Banken die Liquidität auf Konten halten, welche zur Berechnung der Mindestreserve relevant sind.[60]

3.2.2 Fazilitäten

Alle Geschäftsbanken, die die allgemeinen Zulassungskriterien für Geschäftspartner erfüllen, haben die Möglichkeiten, die Spitzenrefinanzierungsfazilität oder die Einlagenfazilität in Anspruch zu nehmen. Sollten die Kreditinstitute kurzfristig Liquidität benötigen, können sie sich diese in Form eines Übernacht-Kredites der NZBen besorgen. Der Kredit muss bereits am nächsten Tag zuzüglich der Zinsen zurückgezahlt werden.[61] Diese Möglichkeit nennt man Spitzenrefinanzierungsfazilität. Zur Sicherung der Ansprüche

---

[57] Vgl. *https://www.ecb.europa.eu/ecb/legal/pdf/l_25020031002de00100016.pdf*, Zugriff am 17.12.2019.
[58] Vgl. *https://www.ecb.europa.eu/explainers/tell-me/html/minimum_reserve_req.de.html*, Zugriff am 17.12.2019.
[59] Vgl. *Europäische Zentralbank*, Geldpolitik, 2008, S. 69.
[60] Vgl. *https://www.bundesbank.de/resource/blob/806808/b79e860e70cfc2ec83af178ba5140 ab5/mL/201 9-09-12-zweistufiges-system-verzinsung-download.pdf*, Zugriff am 17.12.2019.
[61] Vgl. *Köhler, C.*, Wirtschaftspolitik, 2004, S. 86.

werden notenbankfähige Sicherheiten entweder per Eigentumsübertragung mit Rückübertragungsvereinbarung oder per durchsetzbares Sicherungsrecht bei den Zentralbanken hinterlegt.[62] Der verlangte Zinssatz der Spitzenrefinanzierungsfazilität zeigt die Obergrenze des Tagesgeldsatzes auf und dient somit als wichtiger Leitzins. Durch den erhöhten Zinssatz wird deutlich, dass die Zentralbank den unkalkulierten Umgang mit Liquidität ahnden will, auf der anderen Seite beugt sie Liquiditätsengpässen vor, indem die Kredite in unbegrenzter Höhe erhältlich sind.[63] Die Untergrenze des Tagesgeldsatzes bildet der Zinssatz der Einlagefazilität. Hierbei können Kreditinstitute Sichteinlagen über Nacht bei den Zentralbanken anlegen und erhalten einen vorher definierten Zinssatz dafür. Gleichzeitig stellt der Zinssatz auch die Untergrenze der Verzinsung im Interbankenverkehr dar, da Kreditinstitute bei Unterschreiten des Zinssatzes die Anlage der Gelder bei der Zentralbank vorziehen. Durch diesen Mechanismus steuert die Zentralbank die Marktzinsen und kann ein unkontrolliertes Absinken des Zinssatzes, beispielsweise durch ein Liquiditätsüberangebot, vermeiden.[64]

Die untenstehende Abbildung zeigt die Entwicklung der Leitzinssätze. Auffällig ist, dass die Herabsetzung der Zinssätze nach eintreten von Wirtschafts- und Finanzkrisen stattfand. So beispielsweise ab dem Jahr 2000, nach der Internetblase sowie 2008 im Zuge der Finanzkrise. Daher liegt eine Reaktion der EZB auf die Marktsituation nahe. Seit 16. März 2016 notiert der Zinssatz für die Spitzenrefinanzierungsfazilität bei 0,25 Prozentpunkten. Der Zinssatz der Einlagefazilität bildet seit Juni 2014 einen negativen Wert ab, welcher seit März 2016 auf -0,4 Prozent festgesetzt ist.[65] Am 12. September 2019 gab die Zentralbank ein deutliches Signal zum weiteren Zinsverlauf, indem Sie den Zinssatz der Einlagenfazilität um weitere 0,1 Prozentpunkte auf

---

[62] Vgl. *Europäische Zentralbank*, Geldpolitik, 2008, S. 23.
[63] Vgl. *Spahn P.*, Geldpolitik, 2012, S.101 ff.
[64] Vgl. ebd.
[65] Vgl. *https://www.bundesbank.de/resource/blob/607806/3a278e03889f0c9aafc7e45c0 5bf5d6a/mL/s510t tezbzins-data.pdf*, Zugriff am 17.12.2019.

-0,5 Prozent senkte.[66] Damit reagierte sie auf die zuletzt rückläufige Inflationsrate im Euroraum.[67]

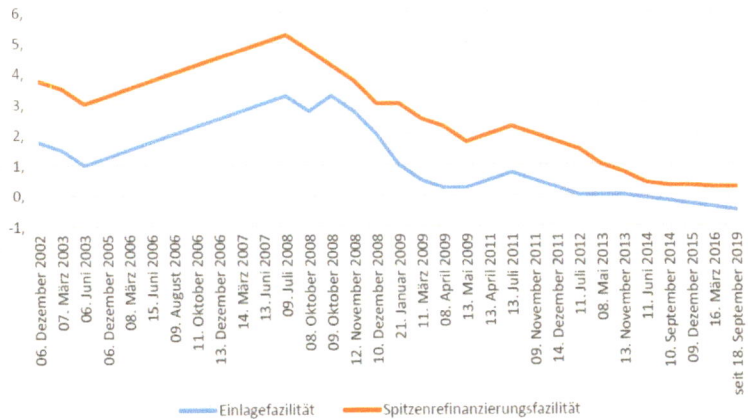

Abbildung 6: Entwicklung der Zinssätze der Fazilitäten in %
Quelle: In Anlehnung an https://www.bundesbank.de/resource/blob/607806/3a278e03889f0c9
aafc7e45c05bf5d6a/mL/s510ttezbzins-data.pdf, Zugriff am 09.12.2019

3.2.3 Offenmarktgeschäfte

Das Hauptinstrument der Geldpolitik stellen Offenmarktgeschäfte dar. Diese Geschäfte werden grundsätzlich von den NZBen durchgeführt. Unter Offenmarktgeschäften versteht man den An- oder Verkauf von Wertpapieren gegen oder für Liquidität. Handelspartner sind hierbei die NZBen sowie die Geschäftsbanken. Die Transaktionen können einen befristeten Charakter haben oder unbefristet stattfinden. Sofern eine befristete Transaktion entsteht, werden Sicherheiten entweder verpfändet oder von der Zentralbank mit Rückkaufs-/ Rückverkaufsvereinbarung erworben.

Die wichtigsten Offenmarktgeschäfte stellen die Hauptrefinanzierungsgeschäfte (HRGs) dar. Hierbei handelt es sich um eine befristete liquiditätszuführende Transaktion. Für die Kreditvergabe können die Geschäftsbanken

---

[66] Vgl. *https://www.ecb.europa.eu/press/pr/date/2019/html/ecb.mp190912~08de50b 4d2.de.html*, Zugriff am 17.12.2019.
[67] Vgl. *Deutsche Bundesbank*, Monatsbericht, 2019b, S. 22.

marktfähige sowie nicht marktfähige Sicherheiten bei der nationalen Zentralbank hinterlegen. In der Regel finden die Hauptfinanzierungsgeschäfte einmal wöchentlich statt. Die Laufzeit des Kredites beträgt ebenfalls eine Woche. Für die Bereitstellung des Geldes verlangt die Zentralbank einen Zinssatz, den sogenannten Hauptrefinanzierungszins. Dieser Zinssatz ist einer der Leitzinssätze, er hat eine hohe Signalwirkung für die Volkswirtschaft.[68]

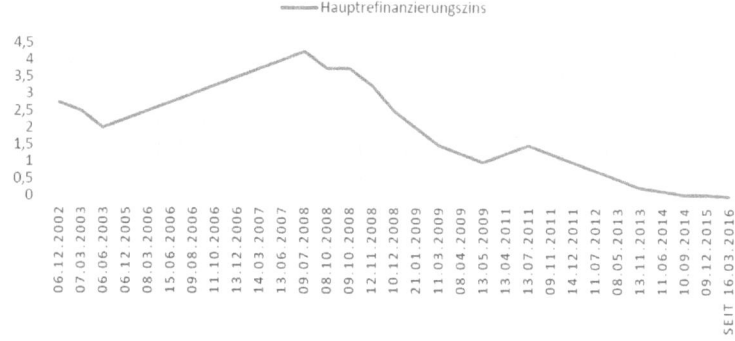

Abbildung 7: Entwicklung des Zinssatzes für HRGs in %
Quelle: In Anlehnung an https://www.bundesbank.de/resource/blob/607806/3a278
e03889f0c9aafc7e45c05bf5d6a/mL/s510ttezbzins-data.pdf, Zugriff am 17.12.2019

Die Entwicklung des Leitzinses verläuft analog der Fazilitätszinssätze. Der Hauptrefinanzierungszins sank seit dem Höhepunkt im Juli 2008 von 4,25 Prozent bis auf 0 Prozent ab. In dem Beschluss vom 12. September 2019 wird der Stand von 0 Prozent für die Offenmarkttransaktionen nochmals untermauert.[69]

Die Verteilung der Gelder erfolgt über den Standardtender. Dieses Zuteilungsverfahren ermöglicht eine schnelle Abwicklung der Geschäfte. Nach Tenderankündigung haben die Geschäftsbanken die Möglichkeit ihre Gebote abzugeben. Meist wird die Zuteilung der Kontingente binnen der nächsten 24 Stunden durch die EZB bescheinigt.

---

[68] Vgl. *Europäische Zentralbank*, Geldpolitik, 2008, S. 16.
[69] Vgl. https://www.ecb.europa.eu/press/pr/date/2019/html/ecb.mp190912~08de50b4d2.de.html, Zugriff am 17.12.2019.

Das Pendant zu den kurzläufigen HRGs bilden die längerfristigen Refinanzierungsgeschäfte, kurz LRGs. Sie unterscheiden sich zu den HRGs in zweierlei Punkten: Die Durchführung der Geschäfte erfolgt jeden Monat und die Laufzeit der Geschäfte beträgt in der Regel drei Monate.[70] Dem zugrundeliegenden Zinssatz für LRGs kommt keine erwähnenswerte Signalfunktion zu. Neben den beiden regelmäßigen Offenmarktgeschäften setzt das Eurosystem Feinsteuerungsoperationen sowie strukturelle Operationen nur bei Bedarf ein. Feinsteuerungsoperationen dienen dazu, dem Eurosystem kurzfristig Zentralmarktgeld zuzuführen oder abzuschöpfen. Mit diesen Geschäften reagieren die NZBen auf unerwartete Liquiditätsschwankungen am Geldmarkt. Feinsteuerungsoperationen können durch befristete Transaktionen stattfinden. Um liquide Mittel hinzuzuführen werden Kredite mit variabler Laufzeit gegen Sicherheiten ausgegeben. Ein liquiditätsabsorbierender Vorgang wäre zum Bespiel das Anlegen von Termineinlagen bei den NZBen.[71] Die Zuteilung der Feinsteuerungsoperationen erfolgt meist über direkte Geschäfte zwischen Geschäftsbanken und Zentralbank oder das Schnelltenderverfahren, bei dem die Abwicklung der Geschäfte meist nach einer Stunde abgeschlossen ist.[72] Auch Devisenswapgeschäfte werden zur Feinsteuerung eingesetzt. Hierbei erfolgt die Transaktion von Devisen gegen Zentralbankgeld, um die Geldmenge am Markt zu erhöhen oder aber der Verkauf von Devisen der Zentralbank an die Geschäftsbanken, um Geld abzuschöpfen. Am Ende der Laufzeit werden die Transaktionen jeweils rückwärts abgewickelt.

Die strukturellen Operationen stellen die vierte Variante der Offenmarktgeschäfte dar. Ihr Ziel ist es, den Geldbedarf der Banken nachhaltig zu steuern. Die Maßnahmen können in Form von befristeten liquiditätszuführenden Transaktionen durchgeführt werden. Dabei sind die Laufzeit sowie Häufigkeit dieses Instrumentes nicht vorgeschrieben[73]

---

[70] Vgl. *Europäische Zentralbank*, Geldpolitik, 2008, S. 16.
[71] Vgl. *Europäische Zentralbank*, Geldpolitik, 2008, S. 17.
[72] Vgl. *Jarchow, H.*, Geldpolitik, 2010, S. 146.
[73] Vgl. *Europäische Zentralbank*, Geldpolitik, 2008, S. 17.

3.2.4 Quantitative Lockerung

Neben den üblichen Maßnahmen zur Steuerung der Geldpolitik führte die EZB nach der Finanzkrise einige unkonventionelle Maßnahmen durch. Unter diesen Maßnahmen versteht man keineswegs eine rechtliche Neuerfindung der ESZB-Satzung, sondern eher die Ausschöpfung des rechtlich Möglichen. Diese Ausweitung wird als Quantitative Lockerung verstanden und umfasst die Herabsetzung des Mindestreservesatzes, den Wechsel der Zuteilungsverfahren für Offenmarktgeschäfte von mengenmäßiger Begrenzung auf Vollzuteilung, Senkungen der Leitzinssätze, Lockerung der Anforderungen an Sicherheiten, sowie der endgültige Ankauf von Wertpapieren durch die NZBen.[74]

Vor dem Wechsel des Zuteilungsverfahrens wurde eine vorher definierte Menge an Liquidität durch die EZB an die Kreditinstitute mit den höchsten Zinsgeboten vergeben. Seit dem 15. Oktober 2008 können Kredite in unbegrenzter Höhe durch die Geschäftsbanken nachgefragt werden. Für das Vollzuteilungsverfahren wurde der Hauptrefinanzierungszinssatz zugrunde gelegt. Diese Änderung, sowie die im März 2008 getroffene Fristenverlängerung für Offenmarktgeschäfte, sollten dafür sorgen, dass die Liquiditätsengpässe der Banken nach der Finanzkrise behoben werden.[75]

Weiterhin ist besonders auf die Wertpapierankaufprogramme der EZB einzugehen. Die Vorgehensweise ist sehr umstritten, da durch den Erwerb das Emittentenrisiko sowie das Kursrisiko auf die Zentralbank übergeht. Dieser „Einkauf" von Risiko wird kritisch beurteilt, da die Risikoverlagerung von Banken und Unternehmen auf Zentralbanken nicht in den Aufgabenbereich der EZB oder NZBen fällt.[76] Nichts desto trotz wurden seit dem Jahr 2009 sieben Programme zum Ankauf von Wertpapieren durchgeführt.

Angefangen wurde mit dem Programm zum Ankauf gedeckter Schuldverschreibungen (covered bond purchase programme,CBPP), bei dem monatlich Pfandbriefe von Geschäftspartnern in Höhe von 60 Mrd. Euro von Juli 2009

---

[74] Vgl. *Ohler, C.*, Bankenaufsicht, 2015, S. 117.
[75] Vgl. *Blanchard, O., Illing, G.*, Makroökonomie, 2014, S. 135.
[76] Vgl. *Ohler, C.*, Bankenaufsicht, 2015, S. 118.

bis Juni 2010 gekauft wurden.[77] Im Oktober 2011 wurde das CBPP2 aufgelegt. Innerhalb dieses Programms sollten 40 Mrd. Euro angekauft werden, nominal wurden jedoch nur Käufe in Höhe von 16,418 Mrd. Euro über die Laufzeit getätigt.[78] Das CBPP3 startete im Oktober 2014.[79] Umstritten bleibt, wie eingangs bereits erwähnt, die Risikoübertragung der Geschäftsbanken auf die Zentralbanken. Das im Mai 2010 aufgelegte securities markets programme (SMP) zum Ankauf von börsenfähigen Schuldverschreibungen staatlicher Herausgeber sowie börsenfähige Wertpapiere privater Herausgeber wurde bereits im September 2012 beendet. Kritisiert wurde hierbei, dass vor allem Anleihen weniger krisenresistenter Staaten erworben wurden.[80] Die EZB brach das Programm mit der Begründung ab, dass keine signifikante geldpolitische Veränderung erfolgte.[81] Im gleichen Quartal wie das CBPP3 begann auch das asset-backed securities purchase programme (ABSPP) welches den Kauf von verbrieften Forderungen zum Gegenstand hat. Die Käufe werden durch die NZBen von Belgien, Frankreich, Italien, den Niederlanden, Spanien und Deutschland durchgeführt. Seit März 2015 werden zudem Anleihen der im Euroraum ansässigen Länder, Emittenten mit Förderauftrag und europäischen Institutionen unter dem Namen public sector purchase programme (PSPP) angekauft. Weiterhin ist kritisch anzumerken, dass der EZB der Direkterwerb von Staatsanleihen untersagt ist. Durch die Käufe über den Sekundärmarkt umgeht die Institution die Verordnung.[82] Somit unterstützt die EZB die weitere Verschuldung der Eurostaaten, was etliche Staaten dazu veranlasst, die Staatsverschuldung nicht zu reduzieren.[83] Das corporate sectore purchase programme (CSPP) begann im März 2016 mit dem Erwerb von Unternehmensanleihen von Nicht-Banken. Ab Oktober 2018 bis Januar

---

[77] Vgl. https://www.bundesbank.de/resource/blob/602282/3bce8a3f7071e4525c609e2f568494 3c/mL/2009-06-04-schuldverschreibungen-download.pdf, Zugriff am 17.12.2019.
[78] Vgl. https://www.bundesbank.de/resource/blob/602312/df98ef3e8ee06eac48e1a520ed1 bce9d/mL/2012-10-31-schuldverschreibungen-122256-download.pdf, Zugriff am 17.12.2019.
[79] Vgl. https://www.ecb.europa.eu/ecb/legal/pdf/oj-jol_2014_335_r_0010-de-txt.pdf, Zugriff 17.12.2019.
[80] Vgl. Ohler, C., Bankenaufsicht, 2015, S. 118.
[81] Vgl. https://www.bundesbank.de/de/aufgaben/geldpolitik/outright-geschaefte/outright-geschaefte-642846?index=2#dossierItem, Zugriff am 17.12.2019.
[82] Vgl. Afflatet, N., Staatsfinanzierung, 2019, S. 562.
[83] Vgl. Bacher, U., et al., Inflation, 2017, S. 130 ff.

2019 wurden monatlich 15 Mrd. Euro an Wertpapieren erworben. Bis zum November 2019 wurden die Nettoankäufe komplett ausgesetzt. Ab sofort werden monatliche Wertpapiere in Höhe von 20 Mrd. Euro angekauft. Dazu werden die Gelder aus auslaufenden Papieren wieder reinvestiert.[84]

Durch den andauernden Ankauf von Wertpapieren erhöht sich die Bilanzsumme der EZB jährlich. Im Vergleich zum Jahr 2017 hat sich die Aktivposition „zu geldpolitischen Zwecken gehaltene Wertpapiere" um 23,3 Mrd. Euro erhöht. Die Position macht zum Jahreswechsel 2018 rund 56% der gesamten Aktiva aus.[85] Zum 22. November beträgt die Bilanzposition eine Höhe von 2.621.921 Mrd. Euro.[86] Die aufgelaufenen Bestände an Wertpapieren werden durch einen Blick auf die Zentralbankbilanz deutlich. Die Entwicklung der Bilanzposition im Zeitablauf wird im Folgenden dargestellt.

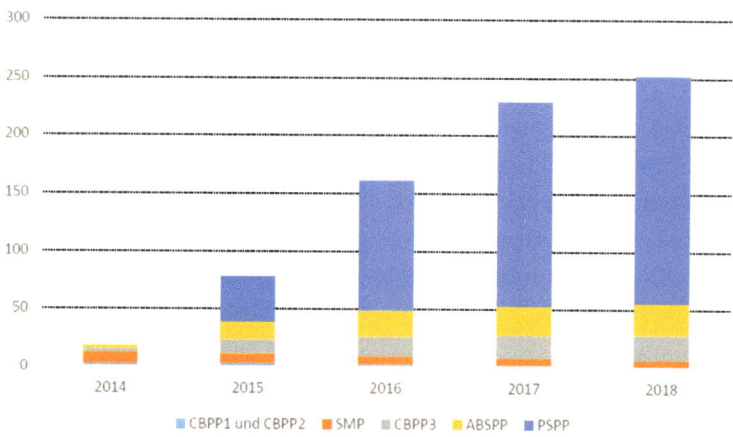

Abbildung 8: Volumen „zu geldpolitischen Zwecken gehaltener Wertpapiere" in Mrd. Euro
Quelle: In Anlehnung an https://www.ecb.europa.eu/pub/pdf/annrep/ecb.annualaccounts2018~cd3eabaa40.de.pdf, S. 7, Zugriff am 17.12.2019

---

[84] Vgl. ebd.
[85] Vgl. https://www.ecb.europa.eu/pub/pdf/annrep/ecb.annualaccounts2018~cd3eabaa40.de.pdf, S. 6, Zugriff am 17.12.2019.
[86] Vgl. https://www.ecb.europa.eu/press/pr/wfs/2019/html/ecb.fst191126.de.html, Zugriff am 17.12.2019.

Auch die Rückabwicklung der Ankaufprogramme wird kritisch betrachtet, da der Verkauf der Schuldverschreibungen sowie das Stoppen der Reinvestitionsprogramme zu einer Geldvernichtung führen würde, was wiederrum wachstumsreduzierende Auswirkungen auf die Wirtschaft und die Inflationsrate mit sich bringt.[87]

---

[87] Vgl. *Ohler, C.*, Bankenaufsicht, 2015, S. 119.

4 Bundesrepublik Deutschland

Die Bundesrepublik Deutschland zählt mit ihren 83,02 Millionen Bürgerinnen und Bürgern als bevölkerungsstärkstes Land im Euroraum.[88] Deutschland ist eines der Gründungsländer der WWU und führte zusammen mit zwölf weiteren Staaten am 01.01.2002 den Euro ein.[89] Für die Exportnation war die Schaffung eines einheitlichen Zahlungsmittels sowie das Abschaffen von Handelshemmnissen im Euroraum ein willkommener Schritt. Treiber des Euro-Zusammenschlusses war unter anderem auch die deutsche Regierung. Damals noch von Helmut Kohl geleitet, übernahm Angela Merkel im Jahr 2005 das Bundeskanzleramt. Der Zusammenschluss zur WWU führte zur Aufgabe der Selbstständigkeit und Eigenverantwortung der Geldpolitik. An die Stelle der Deutschen Bundesbank trat die EZB. Da die von der Zentralbank getroffenen Maßnahmen nun auf das Gesamtwohl des Eurosystems und nicht nur auf die Bundesrepublik abgestimmt sind, begünstigen diese nicht immer die Situation der BRD.[90] Wie genau sich die Wirtschaftssubjekte unter dem Einfluss der europäischen Geldpolitik verändert haben und ob die vorgestellten theoretischen Modelle entsprechend wirken, wird im Folgenden untersucht.

4.1 Staatshaushalt

Der Staat stellt unter wirtschaftlichen Gesichtspunkten die öffentlich verwalteten Institutionen sowie die politische Führung durch Bund, Länder und Gemeinden dar. Demnach zählen zum Staatshaushalt alle öffentlichen Einnahmen (Staatseinnahmen), öffentlichen Ausgaben (Staatsausgaben) sowie öffentliche Schulden (Staatsschulden).[91] Die Aufstellung und Planung des Staatshaushaltes übernimmt federführend das Bundesministerium für Finanzen. Das Ministerium ist weiterhin für die Ausarbeitung eines jährlichen Haushaltsplanes, welcher eine detaillierte Aufstellung über Mittelherkunft

---

[88] Vgl. https://ec.europa.eu/eurostat/tgm/table.do?tab=table&init=1&plugin=1&pcode=tps000 01&language=de, Zugriff am 17.12.2019.
[89] Vgl. *Hamori, N., Hamori, S.,* ECB, 2010, S.3.
[90] Vgl. *Haan, J., et al.,* ESCB, 2005, S. 10.
[91] Vgl. https://wirtschaftslexikon.gabler.de/definition/staatshaushalt-42337/version-265688, Zugriff am 17.12.2019.

und Mittelverwendung der Gelder darstellt, verantwortlich. Nach Beschluss des Haushaltsplanes durch die Bundesregierung des Vorjahres steht fest, mit welchen Einnahmen die Bundesregierung im Folgejahr rechnet und in welcher Höhe die Ministerien und Institutionen Mittel erhalten. So wurden die erwarteten Einnahmen für das Jahr 2020 auf 359,9 Mrd. Euro festgesetzt, davon sollen 327 Mrd. Euro durch Steuereinnahmen generiert werden. Die Ausgaben belaufen sich auf 359,9 Mrd. Euro.[92] Die folgenden Gliederungspunkte beschreiben die Entwicklung der Staatsschulden sowie der Staatseinnahmen. Auf die Staatsausgaben wird auf Grund des vernachlässigbaren Bezuges zur Geldpolitik nicht weiter eingegangen.

4.1.1 Entwicklung und Auswirkungen der Staatsschulden

Bevor die Entwicklung der Staatsschulden betrachtet wird, soll der rechtliche Rahmen aufgezeigt werden. Die EU-Konvergenzkriterien, besser bekannt als Maastricht-Kriterien, legen fest, dass der Schuldenstand eines Staates nicht mehr als 60% des Bruttoinlandsproduktes (BIP) betragen darf.[93] Das BIP gibt den Wert aller in Deutschland produzierten Waren und Dienstleistungen wieder.[94] Diese Verschuldungsquote unterschritt die BRD im Jahr 2002 mit 59,7% des BIP knapp. Seit 2002 überschritt die Bundesregierung den Richtwert jährlich. Im Jahr 2010 war der Höchststand der Schulden in Relation zum BIP mit 82,4% erreicht.[95] Dieser Anstieg war dem Rückgang des BIP in Folge der Rezession auf die Finanzkrise geschuldet. Nach dem Hoch folgte der kontinuierliche Rückgang der Schuldenquote.

---

[92] Vgl. https://www.bundesfinanzministerium.de/Content/DE/Gesetzestexte/Gesetze_Gesetzesvorhaben/Abteilungen/Abteilung_II/19_Legislaturperiode/2019-06-26-Haushaltsgesetz-2020/2-Regierungsentwurf.pdf;jsessionid=40D2AC18A9C42F8B833F2BC7523F6105.delivery1-master?__blob=publicationFile&v=3, Zugriff am 17.12.2019.
[93] Vgl. Gatzer, W., Schweisfurth, T., Staatsschulden, 2005, S. 191 f.
[94] Vgl. https://www.destatis.de/DE/Themen/Wirtschaft/Volkswirtschaftliche-Gesamtrechnungen-Inlandsprodukt/Methoden/bip.html, Zugriff 17.12.2019.
[95] Vgl. https://www.bundesbank.de/dynamic/action/de/statistiken/zeitreihen-datenbanken/zeitreihen-datenbank/723452/723452?tsId=BBK01.BJ9959&listId=www_v27_web001_02a, Zugriff am 17.12.2019.

Im Jahr 2018 notiert der vorläufige Wert bei 61,9%.[96] Um dem Bestreben der Schuldenreduktion Nachdruck zu verleihen, nahm die BRD bereits im Jahr 2009 das Gesetz zur Schuldenbremse in das Grundgesetz mit auf. Hierin wird geregelt, dass die strukturelle Nettokreditaufnahme des Bundes maximal 0,35% des BIP betragen darf. Den Bundesländern ist die Kreditaufnahme untersagt, nur bei Ausnahmen wie Naturkatastrophen oder schweren Rezessionen dürfen diese ihren Kreditbestand erhöhen. Bis zu dem Jahr 2016 sollte für die 0,35%-Grenze eine Übergangsregelung gelten. Jedoch setzt die Bundesregierung dies bereits seit 2014 um und sorgt seither für einen ausgeglichenen Bundeshaushalt ohne Neuverschuldung. Lediglich auslaufende Darlehen und Schuldscheine sollen wieder finanziert werden.[97]

Die folgende Grafik zeigt die Entwicklung der Staatsschulden nach Instrumenten auf. Hieraus geht hervor, dass die nominale Staatsverschuldung ihren Höchststand zum Jahreswechsel 2014 auf 2015 hatte. Die Gesamtschulden betragen im Januar 2015 1.116 Mrd. Euro. Im Januar 2019 hat sich die Verschuldung um 42 Mrd. Euro auf 1.074 Mrd. reduziert. Der Rückgang der Staatsschulden wird durch den seit 2014 andauernden Sparkurs der Bundesregierung sowie durch zusätzliche Einnahmen aus Steuern und Ausgabenersparnisse durch Zinssenkungen begründet.[98] Nichts desto trotz zeigt die Entwicklung, dass sich die Staatsschulden seit 2002 um rund 41,31 % erhöht haben.

---

[96] Vgl. https://www.bundesbank.de/dynamic/action/de/statistiken/zeitreihen-datenbanken/zeitreihen-datenbank/723452/723452?tsId=BBK01.BJ9959&listId=www_v27_web001_02a, Zugriff am 17.12.2019.
[97] Vgl. *Schmidt, S.*, Schuldenbremse, 2012, S. 146 ff.
[98] Vgl. https://www.spiegel.de/wirtschaft/soziales/deutschland-schulden-schrumpfen-um-53-milliarden-euro-a-1259678.html, Zugriff am 17.12.2019.

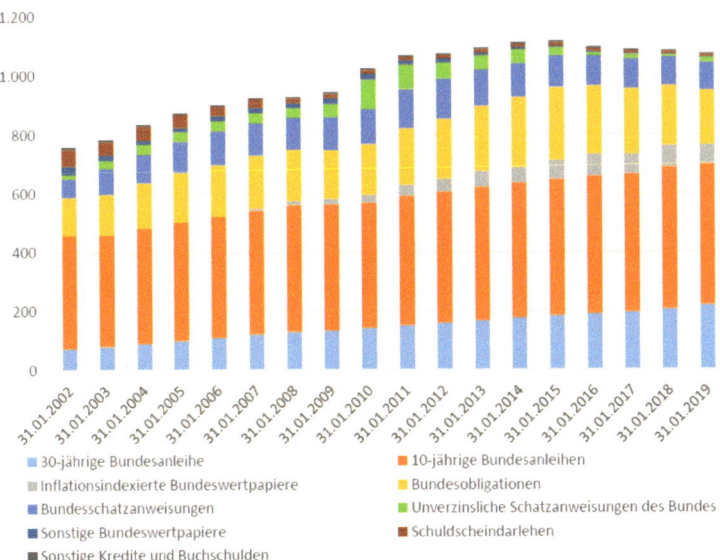

Abbildung 9: Entwicklung der Staatsverschuldung des Bundes in Mrd. Euro
Quelle: In Anlehnung an *https://www.bundesfinanzministerium.de/Datenportal/ Daten/offene-daten/haushalt-oeffentliche-finanzen/Zeitreihe-Schuldenstand-Tilgung-ab1995/datensaetze/xlsx-s01-entwicklung-verschuldung-bund-und-sondervermoegen.xlsx ?_blob=publicationFile&v=5,* Zugriff am 17.12.2019

Weiterhin wird durch die Grafik die Verteilung der Schulden nach Instrumenten aufgezeigt. Der Bund finanziert sich hauptsächlich durch 10-jährige und 30-jährige Bundesanleihen sowie Bundesobligationen. Zum Jahresbeginn 2019 schlagen die 10-jährigen Bundesanleihen mit 478 Mrd. Euro zu Buche, 219 Mrd. Euro werden durch 30-jährige Bundesanleihen abgedeckt und die Bundesobligationen machen 187 Mrd. Euro aus. Neben diesen Instrumenten wurde seit 2007 die Position der inflationsindexierten Bundeswertpapiere verstärkt aufgebaut.[99]

---

[99] Vgl. *https://www.bundesfinanzministerium.de/Datenportal/Daten/offene-daten/haushalt-oeffentliche-finanzen/Zeitreihe-Schuldenstand-Tilgung-ab1995/datensaetze/xlsx-s01-entwicklung-verschuldung-bund-und-sondervermoegen.xlsx?_blob=publicationFile&v=5,* S. 1, Zugriff am 17.12.2019.

Nach der Betrachtung der allgemeinen Schulden ist die Entwicklung der dafür getätigten Zinsausgaben interessant. Diese werden maßgeblich durch die Geldpolitik beeinflusst. Die folgende Grafik verdeutlicht die Entwicklung.

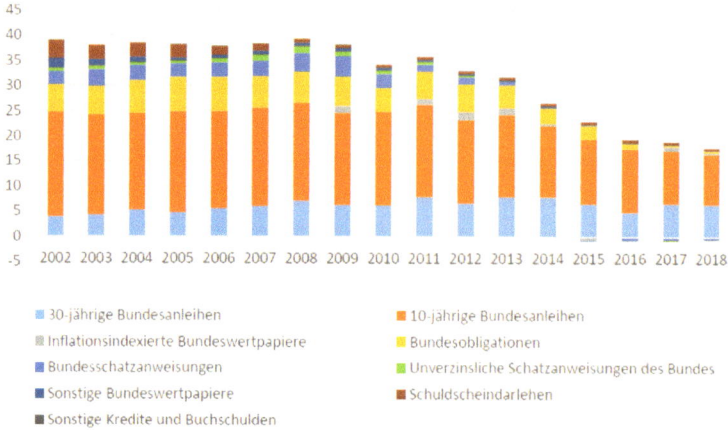

Abbildung 10: Entwicklung der Zinszahlungen des Bundes in Mrd. Euro
Quelle: In Anlehnung an *https://www.bundesfinanzministerium.de/Datenportal/Daten/ offene-daten/haushalt-oeffentliche-finanzen/Zeitreihe-Schuldenstand-Tilgung-ab1995/ datensaetze/xlsx-s01-entwicklung-verschuldung-bund-und-sondervermoegen.xlsx? _blob=publicationFile&v=5*, S.4, Zugriff am 17.12.2019

Die Zinszahlungen des Bundes zeigen einen deutlichen Rückgang seit dem Jahr 2009 auf. Die Gesamtzinszahlungen betrugen im Jahr 2002 39,1 Mrd. Euro, im Jahr 2008 39,2 Mrd. Euro – was den Höchststand darstellte und für das Jahr 2018 sanken die Ausgaben auf 17,1 Mrd. Euro ab. Dies bedeutet einen Rückgang der Zinszahlungen seit 2008 von 43,62 %. Weiterhin ist zu vermerken, dass die Zinsausgaben für unverzinsliche Schatzanweisungen, Bundesschatzanweisungen und 30-jährige inflationsindexierte Anleihen seit 2015 positiv rentieren. Somit erhielt der Staat für die Ausgabe dieser Instrumente im Jahr 2018 Zinsausgaben von 832 Mio. Euro.[100]

---

[100] Vgl. *https://www.bundesfinanzministerium.de/Datenportal/Daten/offene-daten/haushalt-oeffentliche-finanzen/Zeitreihe-Schuldenstand-Tilgung-ab1995/datensaetze/xlsx-s01-entwicklung-verschuldung-bund-und-sondervermoegen.xlsx?_blob=publicationFile&v=5*, S.4, Zugriff am 17.12.2019.

Dieses Phänomen wird sich, bei gleichbleibendem Marktzinsniveau, weiter verstärken, da die auslaufenden Schuldverschreibungen, mit teilweise hohen Verzinsungen, durch neu emittierte Schuldverschreibungen mit niedrigeren Kupons abgelöst werden. Somit werden seit dem 14. Juni 2016 auch 10-jährige Bundesanleihen mit negativen Renditen emittiert.[101] Dieser Zustand wurde seither fortgeschrieben. Aktuell verspricht die am 21.08.2019 emittierte Bundesanleihe mit 30-jähriger Laufzeit einen Kupon von 0,00%.[102] Die zuletzt aufgestockte 10-jährige Bundesanleihe zahlt Erträge in Höhe von 0,25% aus. Dementsprechend rentieren die Wertpapiere meist negativ.[103]

Auch die Berechnungen von Dr. Jens Boysen-Hogrefe vom Institut für Weltwirtschaft bestätigen den Trend der Zinsersparnisse. Der Ökonom kommt zu dem Entschluss, dass sich die BRD im Zeitraum von 2009 bis 2014 100,9 Mrd. Euro an Zinszahlungen durch die Niedrigzinsphase erspart hat. Der Wegbruch der Zinseinnahmen durch die Niedrigzinspolitik wurde nicht berücksichtigt.[104]

Zusammenfassend ist festzuhalten, dass die Zinszahlung bei marginal gesunkener Staatsverschuldung seit der Finanzkrise drastisch gesunken ist. Diese Entwicklung ist daher als Produkt der expansiven Geldpolitik zu verstehen. Weiterhin ist zu nennen, dass die Staatsschulden durch die vorherrschende Inflationsrate entwertet werden. Dieser Effekt der Schuldenentwertung trifft auch bei einer Inflationsrate von 0% ein, sofern die Verzinsung der Staatsanleihen negativ notiert.[105]

4.1.2 Entwicklung und Auswirkungen der Staatseinnahmen

Nach der Betrachtung der Staatsschulden werden die Staatseinnahmen als weitere Finanzierungsquelle beleuchtet. Den größten Anteil der Staatseinnahmen bilden die Steuereinnahmen. Exemplarisch wurden für die Steuereinnahmen die Positionen Lohnsteuer, Einkommensteuer sowie

---

[101] Vgl. *Bacher, U., et al.,* Inflation, 2017, S. 115.
[102] Vgl. *https://www.deutsche-finanzagentur.de/de/factsheet/sheet-detail/product-data/sheet/DE0001102 481/,* Zugriff am 17.12.2019.
[103] Vgl. ebd.
[104] Vgl. *https://de.statista.com/infografik/3214/brutto-zinsersparnis-deutschlands-im-vergleich-zu-2008/,* Zugriff am 17.12.2019.
[105] Vgl. *Bacher, et al.,* Inflation, 2017, S. 132 f.

Umsatzsteuer herangezogen. Hierbei fällt auf, dass sich alle drei Steuerarten positiv entwickelt haben, was darauf schließen lässt, dass die Lohn- und Gehaltshöhen als auch die Konsumausgaben gestiegen sind.[106] Diese Entwicklung spiegelt die prognostizierten Auswirkungen wider, die im Kapitel der Transmissionskanäle unter Annahme einer expansiven Geldpolitik aufgestellt wurde. Konträr zu den beschriebenen Steuergruppen läuft die Entwicklung der Abgeltungssteuer. Unter der Abgeltungssteuer versteht man die Abgaben, welche auf Einnahmen aus Kapitalerträgen zu entrichten sind. Diese Steuergruppe wurde besonders hervorgehoben, da durch die Abgeltungssteuer Rückschlüsse auf den Zinsmarkt herzuleiten sind. Zum Jahreswechsel 2008 auf 2009 wurde hier eine Steuerreform durchgeführt. Die vorherige Kapitalertragsteuer, welche Einkünfte je nach Herkunftsart mit 20 – 35 % besteuerte, wurde durch die Abgeltungssteuer ersetzt. Hierdurch wurden die Steuern auf Kapitalerträge direkt abgeführt. Der Steuersatz beträgt seither einheitlich 25% der Erträge.[107] Die Entwicklung der Einnahmequellen wird in folgender Grafik aufgezeigt. Dabei zeichnet die linke Achse die Werte für die Lohn-, Einkommens-, sowie Umsatzsteuer ab. Ausschlaggebend für die Abgeltungssteuer ist die rechte Achse.

---

[106] Vgl. *https://www.faz.net/aktuell/wirtschaft/deutschland-hat-52-milliarden-euro-weniger-schulden-16310914.html*, Zugriff am 17.12.2019.
[107] Vgl. *Lofing, J., Rhodius, O.,* Abgeltungsteuer, 2012, S. 15 f.

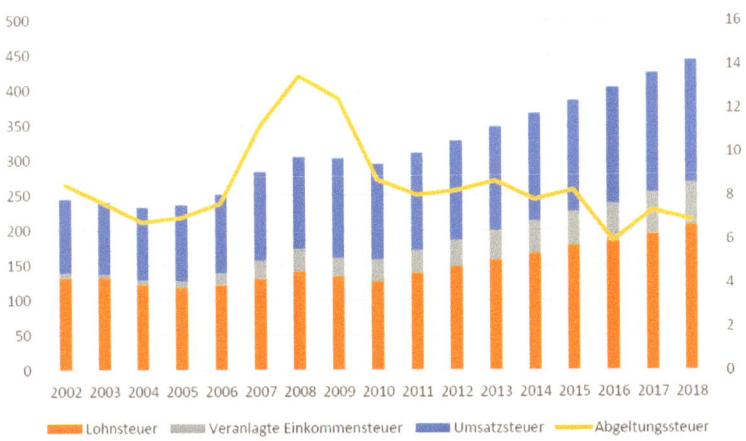

Abbildung 11: Entwicklung ausgewählter Steuereinnahmearten in Mrd. Euro
Quelle: In Anlehnung an Anhang Nr. 2, S. 70 f.

So stiegen die Einnahmen der Lohnsteuer von 132 Mrd. Euro im Jahr 2002 auf 208 Mrd. Euro im Jahr 2018. Die Umsatzsteuereinnahmen betrugen im Jahr 2018 175 Mrd. Euro, und die Einkommensteuereinnahmen 60 Mrd. Euro. Die gesamten Steuereinnahmen sind von 561 Mrd. Euro im Jahr 2008 auf 776 Mrd. Euro im Jahr 2018 an. Dies stellt eine Erhöhung der Steuereinnahmen um 38,32 % dar.[108]

Durch die Umstellung der Abgeltungssteuer ist der Piek im Jahr 2008 zu erklären. Demnach wird deutlich, dass die Steuereinnahmen aus Kapitalerträgen jährlich sinken. Ihren Tiefpunkt hatten die Abgeltungssteuereinnahmen im Jahr 2016 mit 5,93 Mrd. Euro.[109] Darauf, was diese Entwicklung für die Sparer bedeutet, wird zu einem späteren Zeitpunkt eingegangen.

Als weitere, von der Geldpolitik beeinflussbaren Zielgrößen sind die Zinseinnahmen zu nennen. Diese hatten im Jahr 2018 einen Anteil von 0,52% an den Gesamteinnahmen.[110] In Relation zu den Zinsausgaben von 17,11 Mrd. Euro im Jahr 2018 stellen die Zinseinnahmen mit 0,13 Mrd. Euro einen

---

[108] Siehe Anhang Nr. 2, S. 70 f.
[109] Siehe Anhang Nr. 2, S. 70 f.
[110] Vgl. *https://www.bundeshaushalt.de/#/2018/ist/einnahmen/einzelplan.html*, Zugriff am 17.12.2019.

verschwindend geringen Anteil dar.[111] Somit ist die grundsätzliche Entwicklung für den Staatshaushalt positiv zu werten, da dieser wesentlich mehr Ausgaben einspart, als er Einnahmen verliert.

4.2 Bankensektor

Unter dem Bankensektor versteht man den Wirtschaftsbereich des gesamten Bankengewerbes. Hierzu zählen Universalbanken, Sparkassen, Genossenschaftsbanken, Teilzahlungsbanken, Hypothekenbanken, Investmentbanken, Spezialbanken und Bausparkassen. Somit zählt der Sektor zu einem der größten Wirtschaftsbereiche Deutschlands.[112] Der Bankensektor fungiert als Übermittler der geldpolitischen Entscheidungen zwischen EZB und Nicht-Banken, beispielsweise durch die Weitergabe von Zinsänderungen oder die Ausweitung der Geldmenge. Demnach kommt dem Sektor in Bezug auf die Geldwirtschaft eine große Rolle zu. Jedoch sind es gerade die Banken, deren Geschäftserfolg durch die Niedrigzinspolitik in Mitleidenschaft gezogen wird. Die Entwicklung der Branche wird im Folgenden anhand verschiedener Kennzahlen analysiert. Anschließend wird die Entwicklung der Risikostruktur der Kredithäuser untersucht, da überprüft werden soll, wie sich die verringerte Ertragslage der Kreditinstitute auf die Risikotragfähigkeit auswirkt. Innerhalb der Risikoprüfung werden die Banken in zwei Gruppen unterteilt. Die Signifikant Institutions (SI) werden direkt von der EZB beaufsichtigt. Hierzu zählen die wichtigsten 19 deutschen Institute. Die Betreuung der Less Significant Institutions (LSI) unterliegt weiterhin der Aufsicht durch nationale Institutionen der Bundesanstalt für Finanzdienstleistungsaufsicht (BaFin) und der Bundesbank.[113]

4.2.1 Entwicklung und Auswirkungen auf den Bankensektor

Ihren Gewinn generieren die Banken, je nach Spezialisierung und Ausrichtung, vorrangig durch Zins- sowie Provisionserträge. Die Zinserträge sind das Resultat aus Geldmarkt- und Kreditgeschäften, aus festverzinslichen

---

[111] Vgl. https://www.bundeshaushalt.de/#/2018/ist/einnahmen/einzelplan/32.html, Zugriff am 17.12.2019.
[112] Vgl. https://www.deutschlandinzahlen.de/?664, Zugriff am 27.11.2019.
[113] Vgl. *Bundesanstalt für Finanzdienstleistungsaufsicht*, Jahresbericht, 2019, S. 72 ff.

Wertpapieren sowie Schuldbuchforderungen.[114] Die Gewinnerzielung der Banken fußt auf Fristentransformation, so nehmen die Geldhäuser beispielsweise kurzfristige Anlagen an und verleihen diese Gelder mittel- bis langfristig weiter. Da die Bank für die kurzfristige Geldanlage weniger Zinsen bezahlt, als sie durch die Kreditzinsen erhält, erwirtschaftet sie einen Zinsgewinn, auch Zinsüberschuss genannt. Durch die sinkenden Marktzinsen sinkt auch der Zinsüberschuss der Banken.[115] Die nachfolgende Grafik zeigt die rückläufige Entwicklung der Zinserträge seit der Finanzkrise 2007. Nur die Jahre 2011 und 2018 durchbrechen den Abwärtstrend. Der Anstieg der Erträge in 2018 ist auf die Gewinne der Großbanken zurückzuführen, die unter anderem durch Geschäfte mit Banken in Amerika höhere Erträge erzielten. Die Zinserträge notierten in dem Jahr auf 2,08% der durchschnittlichen Bilanzsumme. Das entspricht 152,2 Mrd. Euro und damit einem Plus von 1,3 Mrd. Euro zum Vorjahr. Nichts desto trotz zeigt der Rückgang der Zinserträge die Auswirkungen der Niedrigzinspolitik auf. Die Margen zwischen Kreditzins und Refinanzierungsmöglichkeit werden, auch wegen des Konkurrenzdrucks der Geldhäuser, weiter komprimiert.[116] Die nachfolgende Grafik zeigt die Entwicklung des Zinsüberschusses als auch des Provisionsüberschusses auf.

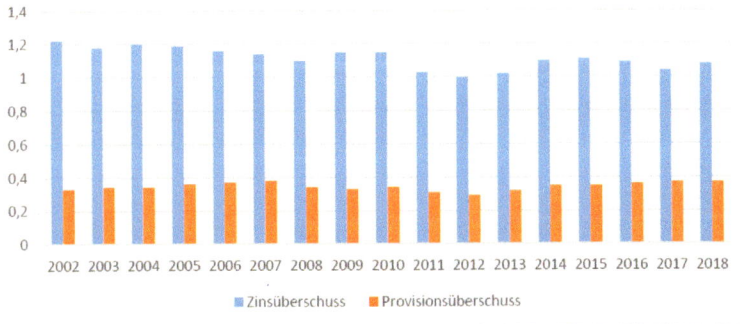

Abbildung 12: Entwicklung des Zins- und Provisionsüberschusses in % der durchschnittlichen Bilanzsumme
Quelle: In Anlehnung an *https://www.bundesbank.de/resource/blob/650342/beac3f050 360c54963d99ae21dd3d3e7/mL/guv-tab7-data.pdf* ,S.1, Abgerufen am 17.12.2019

---

[114] Vgl. *Deutsche Bundesbank*, Monatsbericht, 2019a, S.89.
[115] Vgl. *Bacher, U., et al.*, Inflation, 2017, S. 165 f.
[116] Vgl. *Deutsche Bundesbank*, Monatsbericht, 2019a, S. 96.

Des Weiteren haben einige Institute die negative Verzinsung von großen Einlagensummen eingeführt. Dies betraf überwiegend Unternehmenskunden und vermögende Privatkunden. Trotz dieser Maßnahme stiegen die Zinsaufwendungen um 0,7% im Vergleich zum Vorjahr auf 80,5 Mrd. Euro im Jahr 2018 an.[117] Hieraus resultiert der Zinsüberschuss von 87,2 Mrd. Euro, dies entspricht 1,08% der durchschnittlichen Bilanzsumme. Dieser Prozentsatz, auch Zinsmarge genannt, gilt trotz Erhöhung als unterdurchschnittlich.[118]

Neben der größten Einnahmequelle – dem Zinsertrag – spielt der Provisionsüberschuss eine wachsende Rolle. Provisionserträge entstehen durch die Bepreisung von Dienstleistungen. Hierzu zählen beispielsweise Kontoführungsgebühren, Verkaufsprovisionen für Immobilien sowie Gebühren für Geldanlagen bei Versicherungen oder auf Bausparverträgen. Der Provisionsüberschuss stellt die Differenz zwischen Provisionsertrag und -aufwendung dar, wobei die Provisionsaufwendungen durch Dienstleistungen entstehen, die das Kreditinstitut beansprucht.[119] Die Entwicklung des Provisionsüberschusses ist in der Abbildung 12 dargestellt. Im Zeitverlauf wird deutlich, dass die Provisionserträge nach einem Rückgang von 2010 bis 2012 kontinuierlich zugenommen haben. Diese Entwicklung spiegelt das Bestreben der Branche wider, den rückläufigen Zinsüberschuss über steigende Provisionsüberschüsse auszugleichen. So bieten beispielsweise nur noch wenige Institute kostenlose Kontoführungen an.[120] Trotz dieser Maßnahmen sinkt der Provisionsüberschuss im Jahr 2018 um 1,0 Mrd. Euro auf 29,5 Mrd. Euro ab. Im Verhältnis zur Bilanzsumme stagniert der Wert jedoch bei 0,37%.[121]

Nach der Betrachtung der Haupteinnahmequellen der Kreditinstitute wird auf eine allgemeine Betrachtung des Betriebsergebnisses sowie des Jahresüberschusses eingegangen. Hierbei wird zum einen der Gewinneinbruch der Branche in den Finanzkrisenjahren ab 2007 deutlich. Nach einem Höchststand im Jahr 2011 entwickelte sich das Betriebsergebnis sowie der

---

[117] Vgl. *Deutsche Bundesbank*, Monatsbericht, 2019a, S. 91.
[118] Vgl. *Deutsche Bundesbank*, Monatsbericht, 2019a, S. 92 f.
[119] Vgl. *Deutsche Bundesbank*, Monatsbericht, 2019a, S. 96 f.
[120] Vgl. *Bacher, U., et al.*, Inflation, 2017, S. 130.
[121] Vgl. *Deutsche Bundesbank*, Monatsbericht, 2019a, S. 96.

Jahresüberschuss rückläufig, sodass das Jahr 2018 einen Tiefpunkt markiert. Der Jahresüberschuss der Kreditinstitute lag bei 18,9 Mrd. Euro vor Steuern, nach Steuerabzug blieb ein Überschuss von 12,2 Mrd. Euro. Dies bedeutet einen Rückgang von 31,2% zum Vorjahr. Die daraus resultierende Gesamtkapitalrendite von 0,23% der Bilanzsumme wurde zuletzt während der Finanzkrise durchbrochen.[122] Dies macht deutlich, dass sich die Ertragslage der deutschen Kreditinstitute deutlich verschlechtert hat. Die nachfolgende Grafik zeigt die beschriebene Entwicklung des Betriebsergebnisses sowie des Jahresüberschusses beziehungsweise Jahresfehlbetrages nach Steuern.

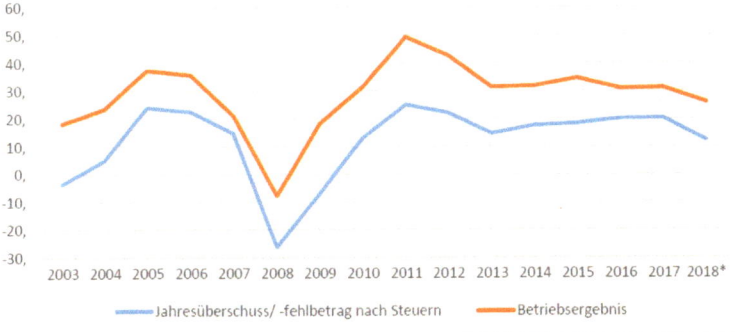

Abbildung 13: Entwicklung des Betriebsergebnisses und des Jahresüberschusses der Mrd. Euro
Quelle: In Anlehnung an https://www.bundesbank.de/resource/blob/650356/99431a 2b54c1ee476f43537edfd48bb7/mL/guv-tab8-data.pdf, S.2, Zugriff am 17.12.2019

Ausschlaggebend für die Entwicklung des Jahresergebnisses ist unter anderem der Verwaltungsaufwand. Er erhöhte sich seit dem Jahr 2011 mit 82 Mrd. Euro stetig. Den Höchststand erreichte er im Jahr 2015 mit 90 Mrd. Euro. 2018 notiert der Wert bei 88,1 Mrd. Euro. Der Verwaltungsaufwand setzt sich zusammen aus sonstigen Verwaltungsaufwendungen, dazu zählen unter anderem Abschreibungen auf immaterielle Anlagewerte und Sachanlagen und dem Personalaufwand. Auf den Personalaufwand entfallen im Jahr 2018 44,3 Mrd. Euro. Dies zeigt einen Rückgang der Personalkosten von 300 Mio. Euro zum Vorjahr auf.[123] Der Kostenrückgang resultiert aus dem Rückgang der

---

[122] Vgl. *Deutsche Bundesbank*, Monatsbericht, 2019a, S. 85.
[123] Vgl. *Deutsche Bundesbank*, Monatsbericht, 2019a, S. 97 f.

Mitarbeiter in Kreditinstituten. Die Anzahl der Beschäftigten lag im Jahr 2016 bei 608.399, 2017 bei 585.892 und am Jahresende 2018 bei 571.084. Des Weiteren wurden seit 2016 4140 Zweigstellen geschlossen, was einen Rückgang von 12,95 % innerhalb zwei Jahren bedeutet.[124] Neben dem Abbau der Filialen ging auch die Anzahl der Institute zurück. So waren im Jahr 2016 noch 1.628 eigenständige Banken vertreten, im Jahr 2018 bestehen noch 1.521 Institute. Dieser Rückgang um 6,57 % binnen drei Jahren geht auf die verstärkten Fusionen der Banken zurück, welche bestrebt werden, um wirtschaftlicher zu agieren und Synergien zu nutzen.[125]

Trotz dieser Maßnahmen schnitten deutsche Geldhäuser im europaweiten Vergleich mit der schlechtesten Kosteneffizienz ab.[126] Einen weiteren Bestandteil des Verwaltungsaufwandes stellen die Abschreibungen und Wertberichtigungen auf immaterielle Anlagewerte und Sachanlagen dar. Diese Position fasst alle Abschreibungen zusammen, ausgenommen der Abschreibungen und Wertberichtigungen auf Leasinggegenstände.

Die Abschreibungen erhöhten sich seit dem Jahr 2010 mit 39.094 Mio. Euro kontinuierlich bis auf einen Stand von 44.038 Mio. Euro im Jahr 2016, 2018 lagen die Abschreibungen bei 43,8 Mrd. Euro und stellen somit binnen der letzten drei Jahre fast die Hälfte des gesamten Verwaltungsaufwandes dar. Ein Großteil der Aufwendungen ist auf die Wertberichtigung der Wertpapiere der Liquiditätsreserve zurückzuführen, die aus dem Abwärtstrend zum Ende des Jahres 2018 resultierten. Weiterhin wurden einige Abschreibung aus vorhergegangenen Schiffsfinanzierungen getätigt.[127] Somit sind die gestiegenen Abschreibungen nicht direkt der Zinssituation zuzuordnen.

Ertragsreduzierend wirken sich auch die veränderten Eigenkapitalanforderungen für die Kreditinstitute aus. So müssen die deutschen Banken zur Umsetzung der Voraussetzungen der BASEL III[128] ihr Eigenkapital um ca. 40 %

---

[124] Vgl. *Deutsche Bundesbank*, Monatsbericht, 2019a, S. 98.
[125] Vgl. *Bundesanstalt für Finanzdienstleistungsaufsicht*, Jahresbericht, 2019, S. 73.
[126] Vgl. *Deutsche Bundesbank*, Monatsbericht, 2019a, 89.
[127] Vgl. *Deutsche Bundesbank*, Monatsbericht, 2019a, 102.
[128] BASEL III beschreibt Vorschriften zur Regulierung von Banken, die zum 01.01.2014 schrittweise umgesetzt werden, welche von dem Basler Ausschuss der Bank für Internationalen Zahlungsausgleich getroffen werden.

erhöhen. Was dazu führt, dass die Gelder nicht gewinnbringend angelegt oder weiterverliehen werden können.[129]

Zusammenfassend ist festzustellen, dass sich die Ertragszahlen der deutschen Geldhäuser durch die Niedrigzinspolitik verringert haben. Dies liegt vor allem daran, dass die Kreditinstitute einen niedrigeren Zinsüberschuss generieren. Die Kompensation des Zinsüberschussrückgangs mit der Ertragssteigerung durch Provisionen gelingt den Instituten noch nicht. Auch auf der Kostenseite werden Vorkehrungen getroffen. So versuchen die Kreditinstitute durch Personalreduzierungen und Filialschließungen effektiver zu wirtschaften. Trotz diesen Maßnahmen verringerte sich das durchschnittliche Betriebsergebnis sowie der Jahresüberschuss. Durch die negative Ertragsentwicklung für die Kreditinstitute ist es von besonderer Bedeutung, diese aufsichtsrechtlich zu überwachen, um Systemzusammenbrüche und eine erneute Finanzkrise auszuschließen. Somit wurde die gesetzlichen Vorschriften zur Risikovorsorge verschärft. Das nächste Kapitel soll beschreiben, welche Voraussetzungen an die Kreditinstitute gestellt werden und wie diese bei den verordneten Stresstest abschnitten.

4.2.2 Risikovorsorge des Bankensektors

Seit 2007 wurden die rechtlichen Bestimmungen zur Risikovorsorge im Bankensektor europa- und deutschlandweit verschärft. Auslöser hierfür war die Finanzkrise. Diese fußte im Kern auf der großen Ausweitung der Kreditvergabe in der USA. Zudem wurden die Kreditvergabekriterien gelockert und die Kreditnehmer sowie die hinterlegten Sicherheiten nicht zureichend geprüft. Oftmals wurden die Kreditengagements an Zweckgesellschaften veräußert, welche die Kreditforderungen bündelten, verbrieften und in Form von Wertpapieren an Investoren veräußerten. Durch die hohe Rendite wurden die Papiere nicht zuletzt von Banken, Versicherungen und Kapitalanlagegesellschaften überall auf dem Globus erworben. Nach der sukzessiven Leitzinsanpassung in Amerika sowie der Preiskorrektur von Wohneigentum konnten die Kreditnehmer ihre Raten nicht mehr begleichen. Die daraus resultierenden Ausfälle der Wertpapiere sorgten für eine Vertrauenskrise. Es

---

[129] Vgl. *https://bankenverband.de/newsroom/reden_und_interviews/ossig-banken-unternehmen-kapitalmarkt/*, Zugriff am 17.12.2019.

folgten Liquiditätsengpässe, da sich die Banken gegenseitig nicht mehr refinanzieren wollten. Um die Insolvenz der IKB, SachsenLB, BayernLB und WestLB zu verhindern, unterstützte der deutsche Staat die Banken mit Finanzhilfen.[130]

Die Krise führte dazu, dass die Mitgliedsstaaten der EU sowie die Institutionen der EU nach Lösungen für eine bessere Aufsicht- und Risikoüberwachung suchten. Diese Überlegungen mündeten darin, die EZB mit der Bankenaufsicht zu betrauen.[131] Hierzu wurde die EZB-Organisation um ein neues Organ, das Aufsichtsgremium, erweitert.[132] Als ranghöchstes Ziel der Bankenaufsicht wird der Schutz der Finanzsystemstabilität genannt. Hierzu zählt die wirtschaftliche Funktionsfähigkeit der Finanzwirtschaft, aber auch die Vermeidung von Finanzmarktzusammenbrüchen, die beispielsweise aus der Insolvenz einzelner, systemrelevanter Kreditinstitute resultieren. Um die Ziele zu erreichen muss sichergestellt sein, dass die Institute für Kreditrisiken, Marktrisiken und operationelle Risiken genug Vorsorge treffen, um im Krisenfall solvent und liquide zu bleiben.[133]

Unter Kreditrisiken versteht man beispielsweise den Fall, dass der Kreditnehmer sein Darlehen nicht mehr zurückzahlen kann. Je nach Kreditvolumen und Anzahl der ausfallenden Kreditnehmer wirkt sich dies unterschiedlich auf die Bilanz der Geldhäuser aus. Weiterhin können zur Schadensminderung die hinterlegten Sicherheiten mit den Forderungen verrechnet werden. Neben dem Kreditrisiko besteht ein Marktrisiko für die Bankaktiva. Sinken beispielsweise Wertpapierkurse, führt das zu einer Verringerung der in der Bankbilanz befindlichen Vermögenswerte. Ein weiteres Risiko stellt das Zinsänderungsrisiko dar. Dieses Risiko resultiert aus der Fristentransformation der Banken. Durch die langfristige Bindung von Kapital, beispielsweise durch Kreditgewährung eines Darlehens mit Laufzeit von fünfzehn Jahren und die kurzfristige Refinanzierung dieses Vorgangs, beispielsweise durch die Anlage von Kundengeldern über fünf Jahre, besteht das Risiko, dass die Zinsen am Kapitalmarkt über den Zinssatz des Darlehens steigen. Die Bank kann sich

---

[130] Vgl. *Baxmann, U.*, Risikomanagement, 2008, S. 103 ff.
[131] Vgl. *Ohler, C.*, Bankenaufsicht, 2015, S. 142.
[132] Vgl. *Ohler, C.*, Bankenaufsicht, 2015, S. 151.
[133] Vgl. *Ohler, C.*, Bankenaufsicht, 2015, S. 180.

nach dem Ablauf der Anlage nicht wie vorher, durch günstige Zinsen refinanzieren. Des Weiteren bestehen Risiken durch den aktiven Geschäftsbetrieb, wie beispielsweise technisches oder menschliches Versagen. Diese Risiken werden als operative Risiken angesehen. Die beschriebenen Szenarien können zu einer Verringerung des Eigenkapitals der Bank sowie zur Insolvenz oder Zahlungsunfähigkeit führen. [134]

Die Entwicklung des Eigenkapitals der Kreditinstitute wird von den Bankenaufsichten durch Stresstests geprüft. Für die systemrelevanten Banken ist die europäische Bankenaufsichtsbehörde (EBA) zuständig. Die Prüfung der nicht systemrelevanten Banken übernimmt die Bundesanstalt für Finanzdienstleistungsaufsicht (BaFin).[135]

Besonders die Entwicklung der Kernkapitalquote ist für die Aufsicht von Relevanz. Die Kernkapitalquote beschreibt das Verhältnis von Kernkapital zu Risikopositionen, hierunter zählen beispielsweise Kundenkredite. Die Eigenkapitalanforderungen wurden binnen der letzten Jahre verschärft. Die Regelungen klassifizieren das Eigenkapital der Kreditinstitute wie folgt: Das harte Kernkapital setzt sich zusammen aus einbezahltem Kapital, offenen Reserven und Gewinnvorträgen, seine Höhe darf 4,5% im Verhältnis zu den Risikopositionen nicht unterschreiten. Eine weitere Position stellt das zusätzliche Kernkapital dar, hierunter versteht man beispielsweise stille Einlagen. Das weiche Kernkapital sollte einen Anteil von 1,5 % der Risikopositionen halten. Die dritte Position entfällt auf das Ergänzungskapital, dazu zählen Positionen wie Genussrechte oder langfristige nachrangige Verbindlichkeiten. Hier wird eine Quote von 2% der risikogewichteten Aktiva erwartet.[136] Neben diesen bisherigen Schichten wurde zusätzlich der Kapitalerhaltungspuffer eingeführt. Dieser muss ebenfalls aus hartem Kernkapital bestehen und soll bis zum Jahr 2019 auf 2,5% der Risikopositionen aufgebaut werden. Der Kapitalerhaltungspuffer kann für die unterjährige Behebung von Schäden aufgewendet werden, muss jedoch nach Rückgang wiederaufgebaut werden, im

---

[134] Vgl. *Ohler, C.*, Bankenaufsicht, 2015, S. 112 f.
[135] Vgl. *Bundesanstalt für Finanzdienstleistungsaufsicht,* Jahresbericht, 2019, S. 72 ff.
[136] Vgl. *https://www.bundesfinanzministerium.de/Content/DE/Standardartikel/Service/ Einfach_erklaert/2010-09-20-basel-III-strengere-kapitalvorschriften-fuer-banken.html,* Zugriff am 17.12.2019.

Notfall über das Einbehalten von Gewinnen. Zusätzlich kann der Aufbau des antizyklischen Puffers durch die Aufsichtsgremien bestimmt werden, sofern die Kreditvergabe durch die Kreditinstitute von der Aufsicht als kritisch beurteilt wird.[137] Die Aufteilung der Kapitalbestände werden in der folgenden Grafik verbildlicht.

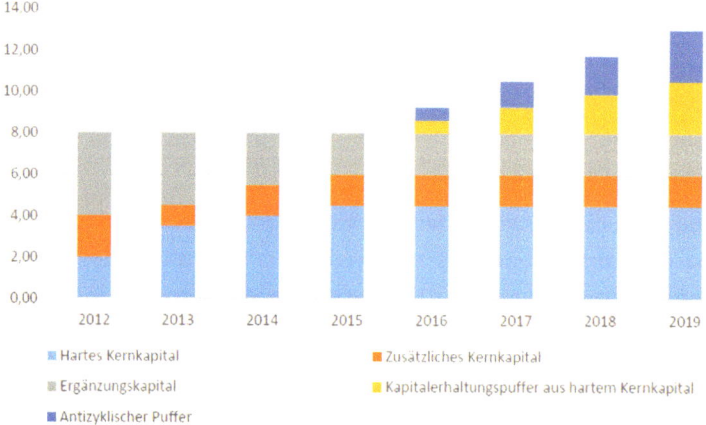

Abbildung 14: Eigenkapitalanforderungen nach Art in % der Risikopositionen
Quelle: In Anlehnung an *https://www.bundesbank.de/resource/blob/651902/006cd6ff269a036ed6d41a748bb1bde8/mL/basel3-leitfaden-data.pdf*, S. 19, Zugriff am 17.12.2019

Der im Jahr 2018 durchgeführte Stresstest für systemrelevante Banken zeigt auf, dass die durchschnittliche harte Kernkapitalquote bei Unterlegung eines vorher bestimmten negativen Szenarios von 13,7% auf 9,9% sinken würde.[138] Unter den neun deutschen Instituten schnitt die NRW Bank mit einer harten Kernkapitalquote von 35,4% nach Anwendung des schlimmsten Szenarios am besten ab. Die Commerzbank bildete das Schlusslicht der deutschen Banken mit einer harten Kernkapitalquote von 7,4%, dieser Wert stellt den siebtschlechtesten in ganz Europa dar.[139] Dieser Wert weicht um 0,5%

---

[137] Vgl. *https://www.bundesbank.de/resource/blob/651902/006cd6ff269a036ed6d41a748bb1bde8/mL/basel3-leitfaden-data.pdf*, Zugriff am 17.12.2019.
[138] Vgl. *https://www.ecb.europa.eu/pub/pdf/annrep/ar2018~d08cb4c623.en.pdf?d4db50437f47e3bf9914e1381b1a2cde*, S. 53 ff., Zugriff am 17.12.2019.
[139] Vgl. *o.V.*, Stresstest, 2018, S. 21.

negativ vom Ergebnis des Stresstest im Jahr 2016 ab. Die Gründe für das Absinken der Kernkapitalquote beim Stresstest 2018 liegen zum einen in den Wertminderungen der Kredite, zum anderen in den ungünstigen Refinanzierungsmöglichkeiten, welche sich im Fall einer Marktzinsanpassung ergeben. Auch eine Wertsenkung der in der Bilanz der Institute befindlichen Wertpapiere aufgrund von Marktpreisblasen stellen ein großes Risiko für die Banken dar.[140]

Die Einhaltung der gesetzlichen Standards sowie die Auswirkungen von Krisen auf kleine bis mittlere Institutionen werden beim „Less Significant Institutions Stresstest (LSI-Stresstest) durch die BaFin getestet. Bei dem Stresstest werden fünf mögliche Szenarien unterlegt und die Simulation auf fünf Jahre durchgeführt. Hierbei wird das Augenmerk auf die Entwicklung des Eigenkapitals der Institute gelegt. Laut der Richtlinie BASEL III müssen Kreditinstitute eine Kernkapitalquote von mindestens acht Prozent vorweisen. Im durchgeführten Stresstest 2019 erzielte der Durchschnitt der 1.400 teilnehmenden Institute einen Kapitalrückgang von 3,5% über eine dreijährige Dauer.[141] Die Kernkapitalquote lag nach Durchführung der Szenarien bei 13%, was über dem verlangten Mindestwert liegt. Weiterhin hat der Test deutlich gemacht, dass sich die Ertragssituation der Institute bei anhaltenden Niedrigzinsniveau weiter verschlechtern würde. Zudem untermauert der Bericht des Jahres 2019 die negative Rentabilitätsentwicklung der Institute aufgrund der Niedrigzinsphase.[142]

Somit ist im Bereich der Risikovorsorge festzuhalten, dass die gesetzlichen Vorgaben bezüglich Eigenkapitalanforderungen und allgemeiner Risikovorsorge erhöht wurden. Dies führt dazu, dass die Institute hierfür weitere Gewinne zurückstellen müssen oder Investitionen tätigen, was sich ertragsmindert auswirkt. Die durchgeführten Stresstest zeigen auf, dass die Institute in den vorangegangenen Jahren größere Risikopuffer vorzuweisen hatten. Nach dem Eingang auf die Bankenbranche soll nun die gesamte

---

[140] Vgl. *https://www.ecb.europa.eu/pub/pdf/annrep/ar2018~d08cb4c623.en.pdf?d4db50437 f47e3bf9914e1381b1a2cde*, S. 53 ff., Zugriff am 17.12.2019.

[141] Vgl. *https://www.springerprofessional.de/stresstest/risikoanalyse/stresstest-zeigt-schwaechen-kleinerer-banken/17198118*, Zugriff am 17.12.2019.

[142] Vgl. *https://www.bundesbank.de/de/presse/pressenotizen/ergebnisse-des-lsi-stresstests-2019-807574*, Zugriff am 17.12.2019.

wirtschaftliche Entwicklung fokussiert werden. Dies Betrachtung der Kennzahlen folgt im nächsten Abschnitt.

4.3 Volkswirtschaft

In diesem Kapitel soll auf die Auswirkungen der Geldpolitik auf die Volkswirtschaft der BRD eingegangen werden. Seit dem Jahr 1967 dienen die im Stabilitätsgesetz verankerten gesamtwirtschaftlichen Messgrößen als Indikator zur Beurteilung der Wirtschaftsentwicklung. Für die vorliegende Arbeit werden diese Wirtschaftsbereiche herangezogen, um die Entwicklung unter Betrachtung des Niedrigzinsniveaus zu untersuchen. Zu den gesamtwirtschaftlichen Zielen zählt die Preisniveaustabilität, zu der auch die EZB ein klares Ziel von „unter aber nahe zwei Prozent"[143] gesteckt hat. Weiterhin zählen ein angemessenes und stetiges Wirtschaftswachstum, ein hoher Beschäftigungsgrad sowie das außenwirtschaftliche Gleichgewicht als Ziel der Verordnung.[144] Im nachfolgenden wird der Zusammenhang dieser Punkte dargelegt sowie die Entwicklung anhand von Kennzahlen überprüft.

4.3.1 Entwicklung und Auswirkungen auf die Preisniveaustabilität

Die Preisniveaustabilität wird sowohl von der EZB als auch von der BRD als wichtiges Ziel erachtet. Um die Veränderung zu messen, wird ein fiktiver Warenkorb aus Gütern und Dienstleistungen erstellt, die im betroffenen Land verstärkt durch Verbraucher nachgefragt werden. Die Wertentwicklung des Warenkorbes wird im Zeitverlauf festgehalten. Somit stellt man die Entwicklung des Preisniveaus fest. Grundsätzlich versteht man unter Preisniveaustabilität den Zustand, dass sich der Preis des Warenkorbes nicht verändert.[145] Da diese Situation in der Wirtschaft nicht anzutreffen ist, hat die EZB das Ziel der Preisniveaustabilität mit einer Entwicklung der Inflationsrate, bemessen am Verbraucherpreisindex von „unter, aber nahe zwei Prozent",[146] im

---

[143] Vgl. *Europäische Zentralbank,* Inflationsziel, 2011, S. 69.
[144] Vgl. *https://www.bundestag.de/dokumente/textarchiv/2017/kw19-kalenderblatt-stabilitaetsgesetz-505290,* Zugriff am 17.12.2019.
[145] Vgl. *Ohler, C.,* Bankenaufsicht, 2015, S.21.
[146] Vgl. *Europäische Zentralbank,* Inflationsziel, 2011, S. 69.

Vergleich zum Vorjahr definiert. Dieser Wert galt vor Einführung der WWU auch als Richtwert der Deutschen Bundesbank.[147]

Eine stabile Teuerungsrate bringt verschiedene Vorteile mit sich. So erhöht sie beispielsweise die Transparenz der Preisentwicklung von Produkten. Sofern eine konstante Teuerungsrate unterlegt werden kann, können die Preisentwicklungen der Produkte besser analysiert werden. Des Weiteren wird das Risiko inflationsbedingter Schwankungen seltener in Finanzprodukte einkalkuliert und die Waren und Dienstleistungen somit nicht um einen Risikozuschlag erhöht. Ein weiterer Vorteil ist der Ausschluss der Hortung großer Mengen an Waren, um der Geldentwertung zu entgehen.[148]

Abbildung 15: Entwicklung der Inflationsrate anhand des VPI in % zum Vorjahr
Quelle: In Anlehnung an Anhang Nr. 1, S. 70

Der Zeitverlauf zeigt die Entwicklung des Verbraucherpreisindex für den Euroraum sowie Deutschland seit 2007. Aus der Grafik wird der Rückgang der Inflationsrate nach der Finanzkrise 2008 ersichtlich. In diesem Jahr lag die Teuerungsrate auf dem Langzeithoch von 2,6 % für Deutschland. Im weiteren Verlauf ist festzustellen, dass die Rate sich in einem Korridor von 0,2% bis 2,5 % für Deutschland und 0,3% bis 2,7% im Euroraum bewegt. Der Durchschnittswert für die beschriebenen Jahre liegt bei 1,5% im Euroraum und

---

[147] Vgl. *Grischer, H., et al.*, Banken, 2005, S. 335.
[148] Vgl. *Europäische Zentralbank*, Inflationsziel, 2011, S. 60 f.

1,52 % für Deutschland im definierten Zielbereich.[149] Die Inflationsrate hat sich binnen der letzten Monate deutlich reduziert und liegt im September 2019 bei einem Wert von 0,8% für den Euroraum.[150] Auch die Teuerungsrate für Deutschland lag nur 0,1% über dem Durchschnitt im Euroraum.[151] Diese träge Entwicklung zeichnet sich auch im Wirtschaftswachstum ab.

4.3.2 Entwicklung und Auswirkungen auf das Wirtschaftswachstum

Das Ziel des stetigen und angemessenen Wirtschaftswachstums wird durch die Kennzahl des Bruttoinlandsproduktes definiert. Wie bereits im Kapitel 2.2 geschildert, hängt das Wirtschaftswachstum indirekt mit der Geldpolitik zusammen. Durch den Transmissionsmechanismus kann die Zentralbank die Knappheit des Geldes beziehungsweise den Zinssatz am Geldmarkt beeinflussen, was zu einer Erhöhung oder Verringerung der Nachfrage nach Gütern und Dienstleistungen führt. Hieraus folgt die Erhöhung oder Senkung der Produktion, verbunden mit Stellenauf- oder -abbau, was wiederrum zu mehr beziehungsweise weniger Konsum und Investitionen führt. Somit wird im Falle einer expansiven Geldpolitik das Wirtschaftswachstum angekurbelt.[152]

Diese Entwicklung wird durch den Verlauf des BIP bestätigt. Im Jahr 2002 Stand es bei 2.198 Mrd. Euro, was ein BIP pro Kopf von 26.945 Euro ausmacht. Das BIP ist im Jahr 2018 auf 3.344 Mrd. Euro gestiegen, was ein pro Kopf BIP von 40.339 Euro ergibt. Weiterhin ist eine kontinuierliche Erhöhung der beiden Kennzahlen zu sehen. Lediglich im Jahr 2009 sinken die Messwerte im Vergleich zum Vorjahr, was auf den Wirtschaftsrückgang durch die Finanzkrise zurückzuführen ist. Die nachfolgende Grafik zeigt die Entwicklung des inflationsbereinigten BIPs in Mrd. Euro sowie das Wachstum des BIP pro Kopf (rechte Achse) auf.

---

[149] Vgl. *https://ec.europa.eu/eurostat/databrowser/view/tec00118/default/table?lang=de*, Zugriff am 17.12.2019.

[150] Vgl. *https://www.bundesbank.de/resource/blob/815410/41db23536887a546a97 66d4a966f2ff9/mL/ 2019-11-21-account-data.pdf*, S. 4, Zugriff am 17.12.2019.

[151] Vgl. *https://www.destatis.de/DE/Themen/Wirtschaft/Preise/Verbraucherpreisindex /Publikationen/Downloads-Verbraucherpreise/harmonisierte-verbraucherpreisindizes-pdf-5611201.pdf;jsessionid=81265F5CAD27F07B1A8102082491E5DF.internet712?_blob=publicationFile*, S. 26, Zugriff am 17.12.2019.

[152] Vgl. *Jarchow, H.*, Geldtheorie, 2010, S. 183 ff.

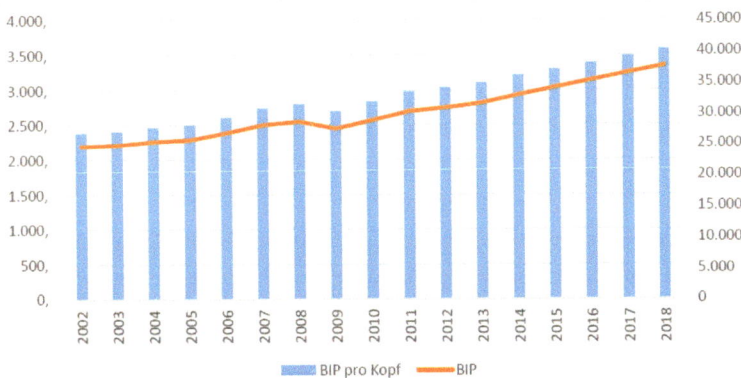

Abbildung 16: Entwicklung des BIP in Mrd. Euro sowie des BIP pro Kopf
Quelle In Anlehnung an *https://www.destatis.de/DE/Themen/Wirtschaft/Volkswirtschaftliche-Gesamtrechnungen-Inlandsprodukt/Tabellen/inlandsprodukt-volkseinkommen1925-pdf.pdf?_blob=publicationFile&v=5*, S. 2 f., Zugriff am 17.12.2019.

Jedoch verringert sich das Wirtschaftswachstum in Deutschland im Jahre 2019 zunehmend. Das preisbereinigte BIP verzeichnet im zweiten Quartal des Jahres einen Rückgang von 0,1% im Vergleich zum vorangegangenen Quartal.[153] Die Ursachen hierfür werden in dem vorherrschenden Handelsstreik, dem Brexit sowie den Ertragsrückgang der Automobilbranche gesehen. Im Falle eines weiter sinkenden Wirtschaftswachstums und somit einer Rezession könne das anhaltende Niedrigzinsniveau negative Auswirkungen auf die deutsche Volkswirtschaft haben, denn durch die Liquiditätsfalle ist es der Zentralbank nur mit Hilfe sehr expansiver Mittel möglich, die Wirtschaft sowie die Inflation weiter zu stimulieren. Die drohende Rezession in Deutschland veranlasste die EZB zur Wiederaufnahme der Wertpapierankäufe.

Sollten die eingeleiteten Maßnahmen die gesamtwirtschaftliche Nachfrage nicht ausreichend fördern, wird die Rezession durch die niedrige oder negative Inflationsrate weiter verschärft.[154]

---

[153] Vgl. *https://www.destatis.de/DE/Themen/Wirtschaft/Volkswirtschaftliche-Gesamtrechnungen-Inlandsprodukt/Tabellen/bruttoinlandsprodukt-viertel-jahr-bip.html#fussnote-2-133118*, Zugriff am 17.12.2019.
[154] Vgl. *Jarchow, H.*, Geldtheorie, 2010, S. 238 f.

4.3.3 Entwicklung und Auswirkungen auf den Beschäftigungsgrad

Auch der Beschäftigungsgrad lässt sich durch die Geldpolitik beeinflussen. So führt auch hier die Veränderung des Zinssatzes am Kapitalmarkt bzw. der Geldmenge zu Produktionsänderungen und damit zur Erhöhung bzw. Senkung des Beschäftigungsgrades. Den Beschäftigungsgrad kann man anhand der Arbeitslosenquote interpretieren. Diese hat binnen der letzten Jahre deutlich abgenommen und befindet sich für den Zeitraum Januar bis Oktober 2019 auf dem Langzeittief von 5% der erwerbsfähigen deutschen Bevölkerung. Dies entspricht 2.204.090 Personen im Oktober 2019.[155] Die nachfolgende Statistik zeigt diese Entwicklung auf.

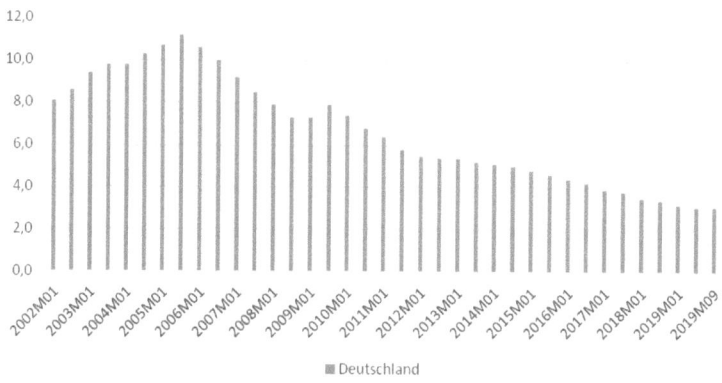

Abbildung 17: Entwicklung der Arbeitslosenquote in %
Quelle: In Anlehnung an *Bundesagentur für Arbeit*, Arbeitsmarkt, 2019, S. 63

Um von einer positiven Entwicklung des Arbeitsmarktes zu sprechen sollte auch die Reallohnentwicklung beachtet werden. So ist es möglich, dass die Lohnentwicklung abzüglich der Inflationsrate negativ verläuft. Die Reallöhne lagen im Jahr 2010 1,4% höher als im Vorjahr, 2016 erhöhte sich der Wert um 1,8% und im Jahr 2018 um 1,3 %. Somit ist sichergestellt, dass die Arbeitnehmer trotz inflationserhöhender Geldpolitik weiterhin von Lohnsteigerungen profitieren.[156]

---

[155] Vgl. *Bundesagentur für Arbeit*, Arbeitsmarkt, 2019, S. 63.
[156] Vgl. https://www.destatis.de/DE/Themen/Arbeit/Verdienste/Reallohne-Nettoverdienste/Tabellen/liste-reallohnentwicklung.html, Zugriff am 17.12.2019.

4.3.4 Entwicklung und Auswirkungen auf das außenwirtschaftliche Gleichgewicht

Maßgeblich für das im Stabilitätsgesetz ernannte Ziel des außenwirtschaftlichen Gleichgewichts ist der Außenbeitrag Deutschlands. Dieser stellt das Ergebnis aus der Subtraktion von Waren- und Dienstleistungsexportorten und Waren und Dienstleistungsimporten dar.[157] Als Exportnation verzeichnet die Bundesrepublik seit 1952 einen nominalen Exportüberschuss. Der Außenbeitrag lag im Jahr 2018 bei einem Wert von 227,7 Mrd. Euro und nahm in Vergleich zum Höchststand 2016 mit 248,9 Mrd. Euro leicht ab.[158] Die unausgewogene Verteilung wurde bereits mehrmals auch international kritisiert.

Die Entscheidung der Marktteilnehmer über den Import von Waren aus dem Ausland oder den Bezug aus dem eigenen Land sowie die Exportentscheidung der Handelspartner hängt unter anderem am Waren- oder Dienstleitungspreis. Dieser setzt sich im Außenhandel durch den Produktpreis sowie den jeweiligen Währungskurs zusammen. Somit beeinflusst die Geldpolitik über den Wechselkurskanal die Attraktivität der deutschen Waren und Dienstleistungen für das Ausland.

Die nachfolgende Grafik zeigt die Kohärenz zwischen Wechselkurs und Außenbeitrag exemplarisch durch den Außenhandel zwischen Deutschland und den USA auf. So fiel der Export von Deutschen Waren in die USA in den Jahren mit günstigem Wechselkurs tendenziell höher aus. Aus der Abbildung geht weiter hervor, dass der Euro seit der Finanzkrise abgewertet hat.

---

[157] Vgl. https://www.destatis.de/DE/Themen/Wirtschaft/Volkswirtschaftliche-Gesamtrechnungen-Inlands produkt/Tabellen/inlandsprodukt-verwendung-bip.html, Zugriff am 17.12.2019.

[158] Vgl. https://www.destatis.de/DE/Themen/Wirtschaft/Aussenhandel/Publikationen/ Downloads-Aussenhandel/zusammenfassende-uebersichten-monat-2070100191074.pdf?__blob=publicationFile, S. 24, Zugriff am 17.12.2019.

Bundesrepublik Deutschland

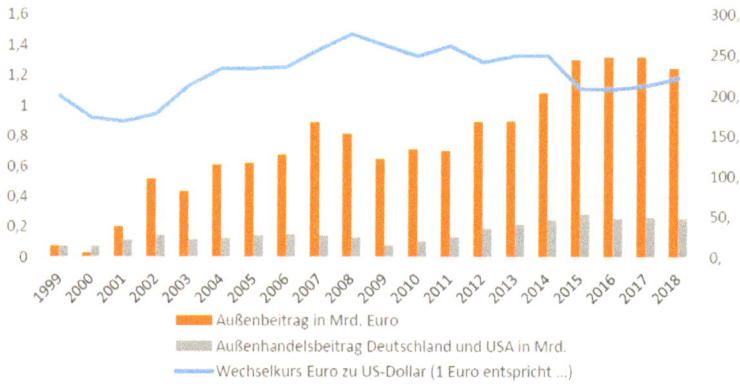

Abbildung 18: Wechselkurs Euro zu US-Dollar und Außenbeitrag zwischen Deutschland und den USA
Quelle: [159]

Betrachtet man das Export- und Importverhalten der Deutschen, fällt auf, dass 68,2% des exportierten und 68,4% der importierten Waren und Dienstleistungen innerhalb Europas getätigt werden. Somit notieren die gehandelten Waren und Dienstleistungen vorrangig in Euro.[160] Der Effekt, welchen die Wechselkursveränderung auf den Außenbeitrag hat, ist somit zu vernachlässigen.

4.4 Private Haushalte

Die Betrachtung der privaten Haushalte stellt den letzten Themenblock dar. Innerhalb dieses Kapitels soll die Vermögensverteilung und -entwicklung der Haushalte unter dem Aspekt der Niedrigzinspolitik untersucht werden. Weiter sollen die Vor- und Nachteile aus der Entwicklung am Zinsmarkt für die einzelnen Vermögensklassen dargestellt werden. Dazu wird das Thema nach

---

[159] In Anlehnung an *https://www.bundesbank.de/dynamic/action/de/statistiken/zeitreihen-datenbanken/zeitreihen-datenbank/723452/723452?listId=www_s331_b01012_1&tsTab=0&tsId=BBEX3.A.USD .EUR.BB.AC.A04&id=0*, Zugriff am 17.12.2019; *https://www.destatis.de/DE/Themen/Wirtschaft/Volkswirtschaftliche-Gesamtrechnungen-Inlandsprodukt/Publikationen/Downloads-Inlandsprodukt/inlandsprodukt-lange-reihen-pdf-2180150.pdf?__blob=publicationFile*, Zugriff am 17.12.2019; Anhang 5, S. 73.

[160] Vgl. *https://www.destatis.de/DE/Themen/Wirtschaft/Aussenhandel/Publikationen/Downloads-Aussenhandel/zusammenfassende-uebersichten-monat-2070100191074.pdf?__blob=publicationFile*, S. 31, Zugriff am 17.12.2019.

der bilanziellen Betrachtung in die Unterpunkte des Finanzvermögens, des Sachvermögens sowie die Verbindlichkeiten unterteilt.[161] Im weiteren Verlauf werden die größten Positionen dieser Bilanzposten betrachtet.

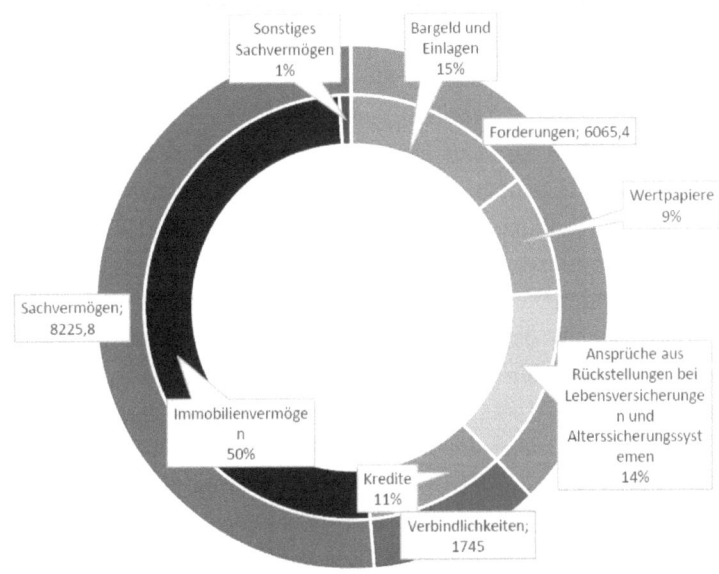

Abbildung 19: Vermögensbestände der privaten Haushalte 12/2017 in Mrd. Euro
Quelle: In Anlehnung an *https://www.destatis.de/DE/Themen/Wirtschaft/Volkswirtschaftliche-Gesamtrechnungen-Inlandsprodukt/Publikationen/Downloads-Vermoegensrechnung/vermoegensbilanzen-pdf-5816103.pdf?_blob= publicationFile*, S.11, Zugriff 17.12.2019

Das Diagramm zeigt die Aufteilung der Vermögenswerte der privaten Haushalte der BRD zum Jahresende 2017. Hieraus wird ersichtlich, dass die größten Bestände der Forderungen in Bargeld und Einlagen sowie Ansprüchen aus Rückstellungen bei Lebensversicherungen und Alterssicherungssystemen zu finden sind. Das Immobilienvermögen macht 97,89% des Sachvermögens aus und unter den Verbindlichkeiten zählen die Kredite zur größten

---

[161] Vgl. *https://www.bundesbank.de/resource/blob/604916/160471f62d400b4ea018e8d0ae232320/mL/phf-studie-broschuere-data.pdf*, S. 34, Zugriff am 17.12.2019.

Position.[162] Somit sind die Vermögenswerte, welche genauere Betrachtung bedürfen, festgelegt.

Zunächst ist festzustellen, dass der Aufbau von Vermögen sowie die Aufnahme eines Kredites auf einer freien (Spar-)Rate fußt. Keynes stellt diese Sparrate als das Ergebnis aus dem Einkommen abzüglich der Konsumausgaben dar.[163] Da die Erhöhung der Einkommen bereits im vorangegangenen Abschnitt festgestellt wurden, gilt noch zu prüfen, wie sich die Konsumausgaben der Deutschen verändert haben. So lag im Jahr 2010 eine Erhöhung der Konsumausgaben von 2,37% im Vergleich zum Vorjahr vor. 2015 lag die Erhöhung bei 2,94% und 2018 bei 2,75%.[164] Dies zeigt, dass die Erhöhung der Konsumausgaben für die betrachteten Zeitpunkte jeweils unter den Einkommenserhöhungen liegen. Daraus ergibt sich die Erhöhung der Sparquote, welche das Einkommen zuzüglich der betrieblichen Versorgungsansprüche in Relation zur Sparrate stellt. Die Sparquote lag 2018 auf dem 10-Jahres-Hoch von 10,4%, nur in den Jahren 1996 und 2008 wurde prozentual mehr gespart.[165] Durch die Erhöhung der Sparquote ist ein Zuwachs der Vermögenswerte und der Verbindlichkeiten zu erwarten. Ob und in welchem Umfang dies eintrifft und welche Auswirkungen das Niedrigzinsniveau auf die Anlageklassen hat, wird in den folgenden Kapiteln untersucht.

4.4.1 Finanzvermögen

Unter dem Finanzvermögen versteht man verzinsliche Forderungsrechte. Hierzu zählen Bargeld und Einlagen, Schuldverschreibungen, börsennotierte und nicht börsennotierte Aktien und Anteilsrechte, Anteile an Investmentfonds, Ansprüche aus Rückstellungen aus Lebensversicherungen sowie Alterssicherungssystemen und sonstige Forderungen, worunter man

---

[162] Vgl. https://www.destatis.de/DE/Themen/Wirtschaft/Volkswirtschaftliche-Gesamtrechnungen-Inlandsprodukt/Publikationen/Downloads-Vermoegensrechnung/vermoegensbilanzen-pdf-5816103.pdf?__blob= publicationFile, S.11, Zugriff 17.12.2019.
[163] Vgl. Willke, G., Keynes, 2012, S. 46.
[164] Vgl. https://www.destatis.de/DE/Themen/Wirtschaft/Volkswirtschaftliche-Gesamtrechnungen-Inlandsprodukt/Publikationen/Downloads-Inlandsprodukt/inlandsprodukt-lange-reihen-pdf-2180150.pdf?__blob=publicationFile, S. 30, Zugriff am 17.12.2019.
[165] Vgl. ebd.

beispielsweise gewährte Kredite versteht.[166] Die genannten Anlageklassen können nach Fristigkeit, Handelbarkeit sowie Sicherheit unterschieden werden.

Exemplarisch wird in dieser Arbeit auf die zwei größten Positionen, das Bargeld und die Einlagen sowie die Ansprüche aus Rückstellungen bei Lebensversicherungen und Alterssicherungssystemen genauer eingegangen.

4.4.1.1 Entwicklung und Auswirkungen auf das Bargeld und die Einlagen

Bargeld stellt physische Noten dar, welche durch Personen verwahrt werden. Im Jahr 2016 betrugen die in Deutschland befindlichen Banknoten 594 Mrd. Euro. Dies entspricht 14 % der Geldmenge M1 und liegt damit über dem Wert für die Eurozone mit 4%.[167]

Die Einlagen stellen Sichteinlagen beziehungsweise Giralgeld dar, welches eine Forderung gegenüber den Kreditinstituten abbildet.[168] Da beim Girokonto die Zahlungsmittelfunktion des Geldes im Vordergrund steht, unterscheidet es sich von den anderen Anlagearten. Nichts desto trotz soll die Entwicklung der Preise dieser Kontenart aufgeführt werden. Die Anzahl der Girokonten wuchs binnen der letzten Jahre kontinuierlich an, so stieg die Anzahl im Jahr 2018 um weitere 2 Mio. auf 105 Mio. Konten.[169] Vor der Finanzkrise war die Bereitstellung eines Girokontos sowie der Zahlungsfunktionen oft kostenfrei für Kunden. Dieser Zustand ändert sich mit der Niedrigzinsphase zusehends. So erhöhen viele Geldhäuser die Gebühren auf die Konten oder führen Gebühren ein.[170] Weiterhin ist kritisch zu betrachten, dass das Guthaben auf den Girokonten meist nicht verzinst wird. Somit haben die privaten Haushalte neben einer Gebührenbelastung auch den realen Geldverlust durch die Inflation zu tragen.

---

[166] Vgl. https://www.bundesbank.de/resource/blob/812686/fe63bd7912d1b0001267 d0d0c751dab9/mL/2019-10-29-entwicklung-waehrungsgebiet-download.pdf, S. 9, Zugriff am 17.12.2019.
[167] Vgl. *Otte, M.*, Investieren, 2016, S. 103.
[168] Vgl. *Otte, M.*, Investieren, 2016, S. 108.
[169] Vgl. https://www.bundesbank.de/dynamic/action/de/statistiken/zeitreihen-datenbanken/ zeitreihen-datenbank/723452/723452?listId=www_s13b_zvs01&tsId=BBBZ1.A.ZV00.INET. A00.A12.000.IN.DE.N, Zugriff am 17.12.2019.
[170] Vgl. *Bacher, U., et al.,* Inflation, 2017, S. 130.

Des Weiteren zählen die Sicht- und Spareinlagen zu den konservativen Anlageprodukten. Die folgende Grafik zeigt die Entwicklung der Zinszahlungen auf Tagesgelder, Spareinlagen und Termingelder auf.

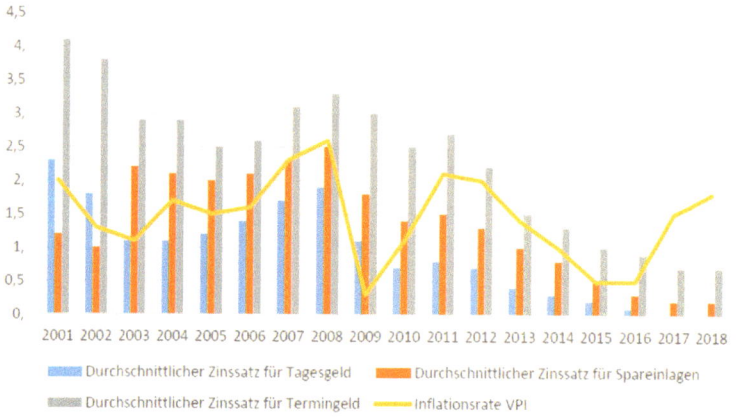

Abbildung 20: Zinsentwicklung von Tagesgeld, Termingeld und Spareinlagen sowie Inflationsentwicklung
Quelle: In Anlehnung an Anhang Nr. 1, S. 70; Anhang Nr. 3, S. 72

Hier ist eine Verringerung der Zinszahlungen in allen Anlageprodukten festzustellen. Der Zinssatz für das Tagesgeld notierte in den Jahren 2017 sowie 2018 bei durchschnittlich 0,00 Prozent. Betrachtet man hierzu die Inflationsrate über die Laufzeit, wird klar, dass die Einlagen, vor allem in den Jahren 2017 und 2018, einem realen Wertverlust unterliegen. Im Jahre 2018 lag der durchschnittliche Verlust bei Termingeldern bei 1,1%, bei Spareinlagen bei 1,6 % und bei Anlagen in Tagesgelde bei 1,8%.[171] Aktuell werden Überlegungen der Kreditinstitute laut, Negativzinsen auf die Einlagen von Privatkunden zu erheben. Diese Umlage der Negativzinsen durch die Banken findet im gewerblichen Bereich sowie bei großen Privatvermögen bereits teilweise statt.[172]

---

[171] Siehe Anhang Nr. 1, S. 70, Anhang Nr. 3, S. 72.
[172] Vgl. *Deutsche Bundesbank*, Monatsbericht, 2019a, S. 91.

Durch diese Entwicklung wird der Vorteil von Bargeld gegenüber Buchgeld ersichtlich, da die Banken die Bargeldreserven der Bürger nicht negativ verzinsen können. Weiterhin ist fraglich, ob es zur Durchsetzung des Vorhabens kommt, da dies zu einem regelrechten Bankrun führen könnte, indem die Kunden in großen Maße Gelder in bar verfügen. [173]

Die dargestellte Entwicklung zeigt den Attraktivitätsverlust der Sicht- bzw. Termineinlagen auf. Dennoch baut sich der Bestand dieser Assetklasse sukzessive weiter auf. Zum Jahresende 2017 wurden Gelder in Höhe von 2.372,3 Mrd. Euro in Bargeld und Einlagen gemessen. Das entspricht einer Steigerung 4,55 % zum Vorjahr.[174]

4.4.1.2 Entwicklung und Auswirkungen auf die Rückstellungen bei Lebensversicherungen und Alterssicherungssystemen

Auch der Bestand an Forderungen aus Lebensversicherungen und Alterssystemen nimmt innerhalb Deutschlands stetig zu. So bestehen nach der Auswertung des Gesamtverbandes der deutschen Versicherungswirtschaft (GDV) im Jahr 2018 87,2 Mio. Verträge in dieser Sparte.[175] Das Anlagekonzept in eine Lebens- oder Rentenversicherung sieht vor, dass der Versicherungsbegünstige nach Eintreffen eines bestimmten Lebensereignisses, meist Renteneintritt oder der Todesfall, einen vorher fixierten Betrag zuzüglich Überschüssen als einmalige Zahlung oder Rentenzahlung erhält. Wie hieraus hervorgeht, wird bereits vor Eintreffen des Zahlungsereignisses die garantiere Auszahlungssumme ermittelt.

---

[173] Vgl. *Otte, M.,* Investieren, 2016, S 100 ff.
[174] Vgl. *https://www.bundesbank.de/resource/blob/615796/d06eb98c7236fa6c1c3f32 f5971d09/mL/sektorale-und-gesamtwirtschaftliche-vermoegensbilanzen-data.pdf,* S. 11, Zugriff am 17.12.2019.
[175] Vgl. *https://www.gdv.de/resource/blob/50214/29985281b05d0ce23240d7b7bdff57cd/ download--statistisches-taschenbuch-2019-data.pdf,* S.27, Zugriff am 17.12.2019.

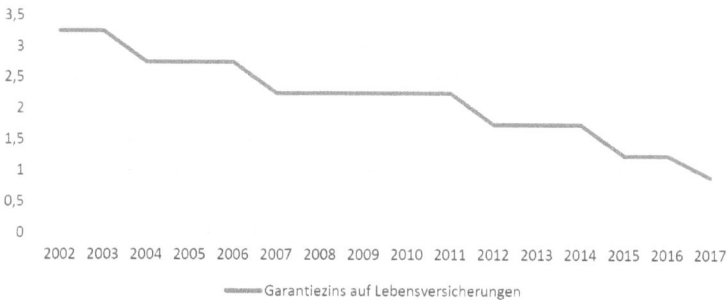

Abbildung 21: Entwicklung des Garantiezinses für Lebensversicherungen
Quelle: In Anlehnung an https://de.statista.com/infografik/7358/garantiezins-lebensversicherungen-2017/, Zugriff am 17.12.2019

Hierzu haben die Versicherer einen sogenannten Garantiezins hinterlegt und das Kapital über die Laufzeit mit dieser Verzinsung aufgerechnet.[176] Die Grafik zeigt den Verlauf der Garantiezinssätze für Lebensversicherungen, welche in den jeweiligen Jahren abgeschlossen wurden. Hieraus wird der rückgängige Verlauf bis zu einer Verzinsung von 0,9% im Jahr 2017 ersichtlich.[177]

Durch die anhaltende Niedrigzinsphase wird es für die Versicherer zum einen schwieriger, die bereits garantierten Zinszahlungen zu leisten, zum anderen sinkt der Garantiezins, was auch die Attraktivität der Anlage negativ beeinflusst.[178] Weiterhin wurden den Sparern meist Überschussbeteiligungen durch die Versicherer mitberechnet, welche nicht garantiert waren. Diese Anteile können die Versicherer bei den aktuellen Niedrigzinsumfeld nicht mit erwirtschaften und daher auch nicht an den Kunden weitergeben. Die sinkende Garantieverzinsung sowie der Rückgang der Höhe der Überschussbeteiligungen führt dazu, dass der Sparer – meist im Rentenalter – mit einem niedrigeren Betrag wirtschaften muss als erwartet.[179]

---

[176] Vgl. *Koch P.*, Versicherungen, 2013, S. 278 ff.
[177] Vgl. *https://de.statista.com/infografik/7358/garantiezins-lebensversicherungen-2017/*, Zugriff am 17.12.2019.
[178] Vgl. *Bacher, U., et al.*, Inflation, 2017, S. 161.
[179] Vgl. *https://www.assekurata.de/fileadmin/mediendatenbank/Dokumente/Publikationen/ Marktausblick/2016/Leben/Assekurata_Marktausblick_Lebensversicherung_2016_2017.pdf*, S. 18, Zugriff am 17.12.2019.

Des Weiteren entscheiden sich Anleger für die Variante einer Lebens- oder Rentenversicherung, da der angelegte Betrag von Seiten der Versicherer garantiert ist. Somit muss nach Ablauf der Laufzeit die eingezahlte Summe zuzüglich Zinsen ausgezahlt werden. Diese vertragliche Gestaltung und die aufsichtsrechtlichen Bestimmungen sorgen dafür, dass die Versicherer Rückstellungen für die garantierten Beträge treffen müssen, was dazu führt, dass sich die Wirtschaftlichkeit der Institutionen verschlechtert.[180]

4.4.2 Entwicklung und Auswirkungen auf das Sachvermögen

Das Sachvermögen stellt den Gegenpol zum Finanzvermögen dar. Innerhalb dieser Sparte investieren die Deutschen vor Allem in Immobilien. Um zu erklären, wie die Geldpolitik die Immobilienpreise beeinflusst, muss die Ursachen-Wirkungsbeziehung genauer betrachtet werden. Durch die niedrigen Zinsen am Kapitalmarkt erscheint eine Anlage in (vor allem risikoloses) Geldvermögen für die Marktteilnehmer weniger attraktiv. Eine Alternative zur Geldanlage liegt in dem Erwerb von Immobilien, welche als Sachvermögen gewissermaßen inflationsgeschützt sind und bei Vermietung monatliche Erträge in Form von Mieteinnahmen generieren. Somit steigt die Nachfrage am Immobilienmarkt und dadurch auch der Preis.[181] Dieser Effekt wird zudem durch die gesunkenen Kreditzinsen (siehe Kapitel 4.4.3) begünstigt.[182]

Somit ist binnen der letzten Jahre ein deutlicher Preisanstieg für alle Immobiliengruppen festzustellen. Besonders sticht die Erhöhung der Preise für Bauland 2017 heraus. Die Preissteigerungen haben sich in der ersten Jahreshälfte 2019 etwas verringert.[183] Diese Entwicklung wird in der nachfolgenden Grafik aufgezeigt.

---

[180] Vgl. *Bacher, U., et al.*, Inflation, 2017, S. 161 f.
[181] Vgl. *Jarchow, H.*, Geldpolitik, 2009, S. 162.
[182] Vgl. *Bacher, U., et al.*, Inflation, 2017, S. 179 f.
[183] Vgl. *https://www.destatis.de/DE/Themen/Wirtschaft/Preise/Baupreise-Immobilienpreisindex/Tabellen/Haeuserpreise-Bauland.html*, Zugriff am 17.12.2019.

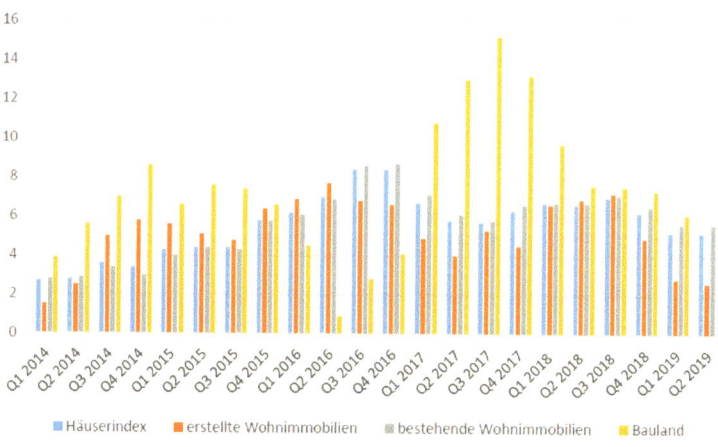

Abbildung 22: Veränderungsrate der Immobilienindizes zum Vorjahreszeitraum in %
Quelle: In Anlehnung an https://www.destatis.de/DE/Themen/Wirtschaft/Preise/Baupreise-Immobilienpreisindex/Tabellen/Haeuserpreise-Bauland.html, Zugriff am 17.12.2019

Durch die anhaltende Flucht in Sachwerte und die zunehmende Steigerung der Immobilienpreise wird die Angst vor einer Vermögenspreisblase laut, welche bei Marktveränderung dazu führen könnte, dass die Sachwerte drastisch im Wert fallen und daraus negative Folgen für die Eigentümer, Banken und Kreditnehmer entstehen.[184] Die Überteuerung der Immobilien wird auch nach Angaben der Bundesbank bestätigt. Sie legte fest, dass die Preise in den sieben untersuchten Großstädten um 25% zu teuer sind.[185] Um bei den anhaltenden Preisanstiegen weiterhin lukrative Renditen zu erzielen, werden meist die Mieten angehoben, sofern es die Regulatorik zum Mieterschutz oder der Mietpreisbremse erlaubt.[186] Betrachtet man die Mieterhöhungen in den großen deutschen Städten, so erhöhte sich die durchschnittliche Miete in Berlin binnen der letzten Jahre um 104%, in München um 62% und in Nürnberg um 49%.[187] Die Erhöhung der Mietpreise belastet den schon

---

[184] Vgl. *Bacher, U., et al.*, Inflation, 2017, S. 179.
[185] Vgl. *Otte, M.*, Investieren, 2016, S. 86.
[186] Vgl. *Bacher, U., et al.*, Inflation, 2017, S. 180.
[187] Vgl. *https://content.cdn.immowelt.com/iw_group/Redaktion/Pressemitteilungen/ 2019/2019_07_25_Tabellen_10_Jahre_Miete.pdf*, Zugriff am 17.12.2019.

angespannten Wohnungsmarkt in Ballungsgebieten zusätzlich. Trotz dieses Vorgehens amortisieren sich die Immobilieninvestments deutlich später. Der Richtwert für die Rückzahlung des Kaufpreises durch Mieteinnahmen liegt im Jahr 2016 bei 25 Jahren. In München dauert es jedoch 32 Jahre, bis sich ein Immobilieninvestment amortisiert.[188]

Neben den Preisentwicklungen, welche für Immobilienbesitzer positiv und für Mieter in Ballungsräumen eher negativ anzusehen sind, dienen Immobilien als Sicherheit für Finanzierungen. Somit ist die Wertigkeit des Sicherheitsobjektes für zukünftige oder vergangene Kredite gestiegen, wodurch Kreditvolumen in bestimmten Fällen erhöht werden können beziehungsweise der Kreditnehmer eine erhöhte Kreditsumme von seiner Bank erhalten könnte. Die weiteren Auswirkungen der expansiven Geldpolitik für die Kreditnehmer werden im Folgenden erläutert.

4.4.3 Entwicklung und Auswirkungen auf die Kredite

Bei Kreditnehmern handelt es sich um Personen, welche Verbindlichkeiten gegenüber einer Bank haben. Kredite stellen zudem den größten Anteil der Verbindlichkeiten der privaten Haushalte in Deutschland dar. Hierbei kann man weiter in kurzfristige und langfristige Kredite unterscheiden. Während es sich bei kurzfristigen Krediten oftmals um Privatkredite und Autokredite handelt, stellen langfristige Kredite meist Immobilienfinanzierungen dar. Des Weiteren kann man Kredite nach ihrer Besicherung unterscheiden.[189]

Wie bereits in den vorangegangenen Kapiteln erläutert, führt die expansive Geldpolitik zu einer Ausweitung der Geldmenge und einer Verringerung der Marktzinsen, was tendenziell dazu führt, dass mehrere Haushalte sich einen Kredit leisten können. Des Weiteren steigt durch die Erhöhung der Immobilienpreise der Wert der Sicherheiten, woraufhin die Banken meist ihre Kreditvergabestandards lockern und das Kreditangebot erhöhen.[190]

---

[188] Vgl. *Otte, M.,* Investieren, 2016, S. 86.
[189] Vgl. *Kaiser, S.,* Kredit, 2014, S. 53 ff.
[190] Vgl. *Wurzel, E.,* Integration, 2019, S. 158 f.

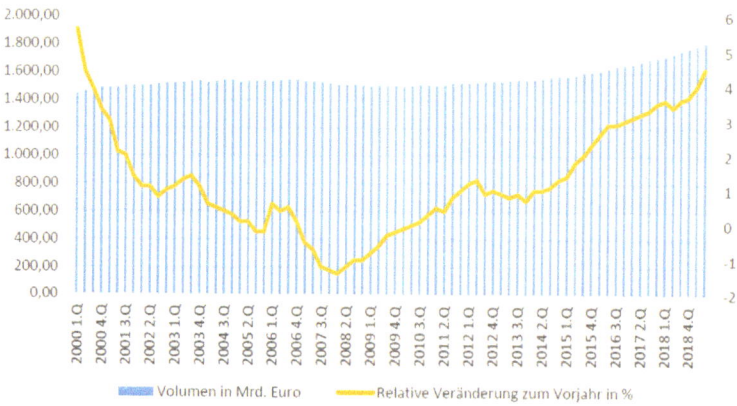

Abbildung 23: Volumen der vergebenen Kredite an private Haushalte
Quelle: In Anlehnung an https://www.bundesbank.de/dynamic/action/de/statistiken/zeitreihen-datenbanken/zeitreihen-datenbank/723452/723452?tsId=BBK01.CEF4J0&listId=www_v1f_14vb, Zugriff am 17.12.2019

Die Grafik zeigt die Höhe der Ausleihungen an private Haushalte sowie die Veränderung zum Vorjahr in Prozent. Hier ist nach dem Rückgang bis 2008 ein klarer Anstieg der Kreditvergaben zu erkennen, was bestätigt, dass die Kreditvergabe zugenommen hat. Durch das erhöhte Kreditvolumen stellt sich die Frage, ob der Verschuldungsgrad der Deutschen zugenommen hat. Im Jahr 2008 hatte ein durchschnittlicher Haushalt 26.500 Euro Schulden, im Jahr 2018 liegt der Durchschnittswert bei 31.800 Euro, was eine Erhöhung der Gesamtschulden um 20% darstellt. Jedoch muss die Vermögenserhöhung von 38,27% innerhalb der Zeitspanne betrachtet werden, welche auch, aber nicht nur auf eine Verkehrswerterhöhung der Immobilien von 41,08% zurückzuführen ist. Lässt man die Immobilienentwicklung außeracht, ergibt sich eine Vermögenserhöhung von 25,47% über die Laufzeit.[191] Somit wird eine Verschlechterung der Vermögenssituation der Deutschen aufgrund erhöhter Kreditvergabe ausgeschlossen.

---

[191] Vgl. https://www.destatis.de/DE/Themen/Gesellschaft-Umwelt/Einkommen-Konsum-Lebensbedingungen/Vermoegen-Schulden/Tabellen/geld-immob-verm-schulden-evs.html, Zugriff am 17.12.2019.

Neben der Kreditvergabesituation ist die Entwicklung der Zinssätze für Kredite von Bedeutung. Diese wird im Folgenden aufgezeigt.

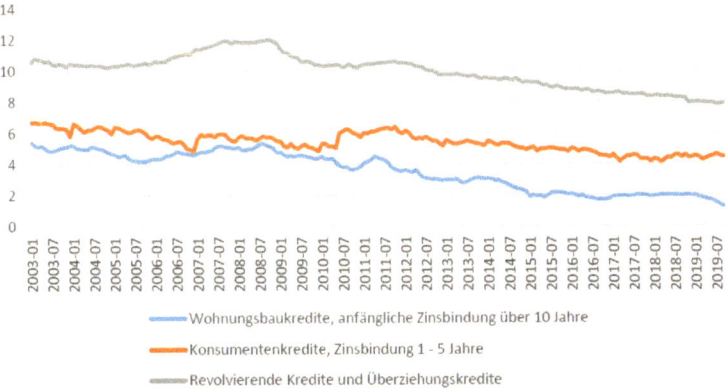

Abbildung 24: Durchschnittliche Effektivzinssätze im Kreditneugeschäft nach Art
Quelle:[192]

Die Zeitreihen zeigen die Entwicklungen der effektiven Jahreszinsen auf besicherte Wohnungsbaukredite mit einer Zinsbindung von 10 Jahren, Konsumentenkredite mit Zinsbindungen von 1- 5 Jahren und revolvierende Kredite sowie Überziehungskrediten. Hier ist ein eindeutiger Rückgang der Zinssätze in allen Bereichen ersichtlich. Finanzieren Privatpersonen ihre Wohnung im Januar 2009 noch für 4,77%, zahlen sie zum September 2019 durchschnittlich noch 1,24% für ein Darlehen. Selbst die hochpreisigen Zinsforderungen für revolvierende Kredite und Überziehungskredite sinken von ihrem Hoch im Jahr 2018 mit durchschnittlich 12,01% auf 7,91% zur Jahresmitte

---

[192] In Anlehnung an *https://www.bundesbank.de/dynamic/action/de/statistiken/zeitreihen-datenbanken/zeitreihen-datenbank/723452/723452?listId=www_s510_ph1&tsId= BBK01.SUD112 https://www.bundesbank.de/dynamic/action/de/statistiken/zeitreihen-datenbanken/zeitreihen-datenbank/723452/723452?listId=www_s510_ph3_neu&tsId= BBK01.SUD119*, Zugriff am 17.12.2019; *https://www.bundesbank.de/dynamic/action/de/statistiken/zeitreihen-datenbanken /zeitreihen-datenbank/723452/723452?tsId=BBK01.SUD115&listId=www_s510_ph2_neu*, Zugriff am 17.12.2019.

2019.[193] Diese Entwicklung stellt für die privaten Haushalte eine Entlastung dar.

Weiterhin ist die Wirkung der Inflation nicht zu vernachlässigen. Kreditnehmer gehen durch den Abschluss eines Kreditvertrages in gewisser Weise auch eine Wette auf die Inflationsrate ein. Erhöht sich diese innerhalb der Vertragslaufzeit, verringert sich die Kaufkraft des geschuldeten Betrages, somit nimmt die Wertigkeit der Schulden im Zeitverlauf ab.[194]

Die Entwicklung wird an der beispielhaften Berechnung eines Immobiliendarlehens für 100.000 Euro deutlich. Die monatliche Annuität wurde auf 800 Euro festgesetzt. Lediglich der Zinssatz differiert in den zwei Varianten. Darlehen A hat einen Zinssatz von 5% p.a. hinterlegt, was das Zinsniveau im Jahr 2008 darstellt. Darlehen B wurde mit einem Zinssatz von 2% p.a. berechnet, dies bildet die Darlehenszinsen im Jahr 2018 ab. Nach der Laufzeit von 10 Jahren hat der Darlehensnehmer A mehr als das Dreifache an Zinsen gezahlt und eine 24.531 Euro höhere Restschuld als Darlehensnehmer B.[195] Diese Entwicklung zeigt die aktuellen Vorteile für Kreditnehmer auf. Die gleichgerichtete Entwicklung gilt auch für Unternehmenskredite. Nichts desto trotz ist der erhöhten Kreditvergabe kritisch entgegenzusehen, da im Falle einer Krise höhere Ausfallpotentiale bestehen und dies weitreichende Folgen mit sich bringen könnte.

---

[193] Vgl. *https://www.bundesbank.de/dynamic/action/de/statistiken/zeitreihen-datenbanken/zeitreihen-datenbank/723452/723452?listId=www_s510_ph1&tsId= BBK01.SUD112* | *https://www.bundesbank.de/dynamic/action/de/statistiken/zeitreihen-datenbanken/zeitreihen-datenbank/723452/723452?listId=www_s510_ph3_neu&tsId= BBK01.SUD119* | *https://www.bundesbank.de/dynamic/action/de/statistiken/zeitreihen-datenbanken/zeitreihen-datenbank/723452/723452?tsId=BBK01.SUD115&listId= www_s510_ph2_neu*, Zugriff am 17.12.2019.
[194] Vgl. *Bacher, et al.*, Inflation, 2017, S. 145.
[195] Siehe Anhang Nr. 4, S. 73.

5 Fazit und Beantwortung der Forschungsfragen

Die vorliegende wissenschaftliche Arbeit hat sich zunächst mit den theoretischen Grundlagen beschäftigt. Dabei wurde die Quantitätstheorie nach Fisher, welche im Kern die Veränderung des Preisniveaus durch eine Geldmengenänderung prognostiziert, dargestellt. Diese Theorie wurde durch Keynes verfeinert und um drei Kassenhaltungsprinzipien ergänzt. Zudem wird festgestellt, dass eine expansive Geldpolitik nicht nur den Geldmarkt beeinflusst, sondern sich auch produktionssteigernd, beschäftigungsfördernd und inflationserhöhend auswirkt. Das Zusammenspiel von Geld- und Gütermarkt kann durch das IS-LM Modell verdeutlicht werden, welches den Gleichgewichtspunkt des Güter- und Geldmarktes aufzeigt. Weiterhin erklären die Transmissionskanäle, wie sich eine geldpolitische Entscheidung auf die gesamtwirtschaftliche Nachfrage auswirkt. Hierbei werden fünf Kanäle unterschieden. Dazu zählt der Zinskanal, durch den sich die Marktzinsen nach Leitzinsänderung anpassen. Der Vermögenskanal, welcher die Wertigkeit der Vermögensgegenstände nach Zinsänderung beschreibt. Der Kreditkanal steht für die Erhöhung der Kreditvolumen sowie die Senkung der Kreditzinsen aufgrund der expansiven Geldpolitik und der Bilanzkanal für die Änderung der Wertigkeit der hinterlegten Sicherheiten. Abschließend ist der Währungskanal zu nennen, welcher die Auswirkungen der Geldpolitik durch die Devisenpreise beschreibt. Als weitere Grundlage zum bearbeiteten Thema sind die Geldmengenaggregate zu nennen. Die Geldmenge M1 beschreibt die täglich verfügbaren Gelder. Diese Menge wird durch die Gelder mit Laufzeiten bis drei Monaten in der Geldmenge M2 widergespiegelt. Die Geldmenge M3 stellte eine Erweiterung der Menge M2 um Gelder mit Fristigkeiten bis zu zwei Jahren dar. Für diese Geldmenge hat die EZB ein Wachstum von 4,5% pro Jahr als Zielwert festgesetzt. Des Weiteren ist die Geldschöpfung in primäre und sekundäre Geldschöpfung zu unterteilen, wobei die primäre Geldschöpfung durch Notenemission der EZB zu begründen ist. Die sekundäre Geldschöpfung entsteht durch die Kreditvergabe von Banken.

Anschließend ist die EZB als ausführende Institution der Geldpolitik zu beschreiben. Die europäische Zentralbank bildet das Herzstück der ESZB und ist als alleinige Institution mit der Geldpolitik im Euroraum betraut. Durch dieses Amt hat die EZB das alleinige Recht Eurobanknoten zu emittieren sowie Münzenprägungen zu autorisieren. Weiterhin beschließt die EZB alle geldpolitischen Maßnahmen im Euroraum. Aufgeteilt ist die Organisation in den EZB-Rat, das EZB-Direktorium und den erweiterten Rat. Neben diesen Bereichen kommt die EZB auch aufsichtsrechtlichen Verpflichtungen nach. Das Hauptziel der Institution besteht darin, das Preisniveau im Euroraum stabil zu halten. Die Preisniveaustabilität wird bei einem Inflationswachstum von „unter, aber nahe zwei Prozent"[196] erreicht. Weiterhin fördert die EZB – sofern dies mit dem Hauptziel vereinbar ist – die allgemeine Wirtschaftspolitik der EU. Die transparente Gestaltung der Geldpolitik und die staaten- und unternehmensunabhängige Handlungsfreiheit der EZB stellen die Grundlage dar. Um die genannten Ziele zu erreichen, beeinflusst die Institution den Geldmarkt mit geldpolitischen Instrumenten. Somit wird im Folgenden die erste Forschungsfrage beantwortet. Diese lautet: Wie beeinflusst die EZB den Geldmarkt?

Die EZB beeinflusst den Geldmarkt mithilfe der geldpolitischen Instrumente. Hierzu zählt die Mindestreservepflicht, welche die Banken verpflichtet aktuell 1% ihrer Gelder auf Konten der EZB zu hinterlegen. Durch dieses Medium steuert die EZB die Geldmenge am Markt, was dazu führt, dass das Angebot verknappt oder erweitert wird. Eine weitere Maßnahme stellen die Fazilitäten dar. Hierbei kann man die Spitzenrefinanzierungsfazilität und die Einlagefazilität unterscheiden. Die Zentralbank legt für die kurzfristige Geldbereitstellung oder Geldanlage die Zinssätze fest. Diese Zinssätze haben eine hohe Leitfunktion und beeinflussen den Zinsmarkt maßgeblich.

Weiterhin kann der Geldmarkt durch die Offenmarktgeschäfte beeinflusst werden. Offenmarktgeschäfte stellen Transaktionen zwischen EZB und Geschäftsbanken dar. Hierbei werden für Kredite notenbankfähige Sicherheiten der Bank hinterlegt. Nach Fristablauf ist der geliehene Betrag an die EZB zurück zu zahlen. Auch für diese Geschäfte wurde ein Leitzins vereinbart, der sogenannte Hauptrefinanzierungszins. Durch die Steuerung dieses Zinssatzes sowie die Volumenanpassung der Geschäfte wird zum einen der Marktzins und zum anderen die Geldmenge am Markt beeinflusst.

---

[196] Vgl. *Europäische Zentralbank*, Inflationsziel, 2011, S. 69.

Die genannten Maßnahmen stellen die konventionellen Instrumente dar. Da diese seit der Finanzkrise nicht mehr ausreichen, um das gesetzte Inflationsziel zu erreichen, greift die EZB seit 2009 auf unkonventionelle Maßnahmen zurück. Diese sind auch unter dem Namen der quantitativen Lockerung bekannt. Hierzu zählt die Veränderung des Zuteilungsverfahrens für Offenmarktgeschäfte auf Vollzuteilung, die Reduzierung der Mindestreservesätze und die Senkung der Fazilitätszinssätze. Des Weiteren griff die EZB auf den Ankauf von Wertpapieren zurück. Innerhalb verschiedener Programme wurden gedeckte Schuldverschreibungen, börsenfähige Schuldverschreibungen, Asset-Backed securities sowie Anleihen von Staaten und Unternehmen erworben. Die Ankaufprogramme werden aufgrund der folgenden Punkte kritisiert:

- Es ist unklar, wie der aufgebaute Wertpapierbestand wieder abgebaut werden soll, da der Bestandsabbau zur Verringerung der Geldmenge am Markt führt, was in eine Deflation führen könnte.
- Der Direkterwerb von Staatsanleihen ist der EZB untersagt. Durch den Handel am Sekundärmarkt umgeht die Institution die Verordnung und finanziert die europäischen Staaten, was zudem dazu führt, dass diese die Staatsschulden nicht ausreichend verringern.
- Das Ausfallrisiko der Wertpapiere wird auf die EZB und die NZBen übertragen, was diese zunehmend in Zugzwang bringt, die betreffenden Staaten und Unternehmen finanziell weiter zu unterstützen.

Somit wurde aufgezeigt, wie die EZB den Geldmarkt beeinflusst. Nun steht die Untersuchung der zweiten Forschungsfrage im Fokus. Diese lautet: Welche Auswirkungen hat die expansive Geldpolitik auf die Wirtschaftssubjekte der Bundesrepublik Deutschland?

Es wurde festgestellt, dass die expansive Geldpolitik den Staatshaushalt beeinflusst. Durch die Maßnahmen der EZB sank die deutsche Staatsverschuldung in Relation zum BIP. Dies ist auf eine Erhöhung des Wirtschaftswachstums infolge der Niedrigzinspolitik zurückzuführen. Hierdurch ist die Schuldenquote im Jahr 2018 auf dem niedrigsten Wert seit 16 Jahren gesunken. Weiterhin wurde der Rückgang der Zinszahlung der BRD um 43,62% binnen der letzten 10 Jahre festgestellt. Diese Entwicklung resultiert aus den gesunkenen Marktzinsen, welche dafür sorgen, dass der Staat sich günstiger refinanzieren kann. Die negative Verzinsung diverser Staatsanleihen ist ein weiteres Produkt der Geldpolitik. Des Weiteren wurde festgestellt, dass die Staatseinnahmen in Form von Steuern seit 2008 um 38,32% gestiegen sind. Diese Entwicklung lässt auf ein Lohn- und Gehaltswachstum sowie Wirtschaftswachstum aufgrund der Geldpolitik schließen. Nur die Einnahmen aus der Abgeltungssteuer verhalten sich rückläufig, was bereits an diesem Punkt auf den Rückgang der Erträge aus Kapitalanlagen hinweist. Anhand dieser Entwicklung wird deutlich, dass die expansive Geldpolitik den Staatshaushalt begünstigt, indem zum einen die Zinsausgaben sinken und die Staatseinnahmen steigen.

Die Untersuchung des Bankensektors zeigt eine konträre Entwicklung auf, denn die Kreditinstitute erwirtschaften durch die expansive Geldpolitik geringere Zinsüberschüsse. Dieser Verlust kann nur bedingt durch die Erhöhung der Provisionserträge kompensiert werden. Weiterhin versuchen die Institute durch Konsolidierung, Filialschließungen und Personalabbau die Kosten zu senken. Diese Maßnahmen reichen jedoch nicht aus, um das Betriebsergebnis auf den Stand der vorhergegangenen Jahre zu belassen. Somit verzeichnen die Banken allein im Jahresvergleich 2017 zu 2018 einen Rückgang von 31,2% des Jahresüberschusses. Auch die rechtlichen Rahmenbedingungen tragen zur Verschlechterung der Ertragssituation der Kreditinstitute bei. So werden durch die Bankenaufsicht höhere Eigenkapitalanforderungen gestellt. Bei dem Stresstest bestehen jedoch alle deutschen Institute - wenn auch knapp. So ist hier anzumerken, dass sich die Kapitalsituation im Vergleich zum Jahr 2016 verschlechtert hat. Als Gründe hierfür werden vor allem die expansive Geldpolitik der EZB aufgeführt.

Durch Betrachtung der deutschen Volkswirtschaft wird der Einfluss der Geldpolitik auf die Wirtschaft deutlich. Die Inflationsrate verhielt sich sehr volatil seit 2007 und befindet sich aktuell auf einem Wert von 0,9% für Deutschland, gemessen am HVPI. Die durchschnittliche Inflationsrate von 2007 bis 2018 lag bei 1,52% und damit nahe dem Zielwert. Die Entwicklung des Wirtschaftswachstums, gemessen am BIP, folgt den theoretischen Vorgaben bei einer expansiven Geldpolitik. Somit erhöhte sich das BIP bis auf das Jahr 2009 kontinuierlich, auch die Arbeitslosenquote verringerte sich bis auf kleine Anstiege im Jahr 2009 und 2010. Um diese Entwicklung positiv werten zu können, bedarf es einer zusätzlichen Betrachtung der inflationsbereinigten Gehaltsentwicklungen. Auch diese Entwicklung verlief steigend. Somit hat die expansive Geldpolitik einen positiven Effekt auf die Beschäftigung. Die Beeinflussung des Außenbeitrags durch die Geldpolitik ist zu vernachlässigen. Die theoretische Betrachtung zeigt eine Erhöhung der Exporte durch expansive Geldpolitik. Dadurch, dass ein Großteil der Waren innerhalb Europas exportiert wird, ist eine marginale erhöhte Nachfrage durch Währungsabwertung im Zuge der Niedrigzinsphase festzustellen.

Konträr der positiven Auswirkungen der Geldpolitik auf den Gütermarkt und den Arbeitsmarkt sind die Entwicklungen am Kapitalmarkt einzustufen – zumindest für einen Großteil der privaten Haushalte, da die Deutschen ihr Vermögen vorwiegend in Bargeld und Einlagen sowie Lebens- und Rentenversicherungen investiert haben. Dies liegt daran, dass die Zinsen auf diese Anlagen ein sehr niedriges Niveau erreicht haben, sodass die Gelder oft einen realen Wertverlust erleiden. Weiterhin ist die Entwicklung der Versicherungsgesellschaften aufgrund der geldpolitischen Entwicklung kritisch zu beachten. Zum einen sank der Garantiezins binnen von 3,25% im Jahr 2002 auf 0,9% seit 2017, zum anderen erwirtschaften die Versicherer geringere Überschüsse für die Versicherungsnehmer. Weiterhin verschlechtert sich durch die Niedrigzinspolitik auch die Wirtschaftlichkeit der Versicherungsgesellschaften. Das Sachvermögen hingegen verzeichnet enorme Wertsteigerungen. So erhöhen sich die Immobilienpreise seit 2014 jährlich. Dieser Boom am Immobilienmarkt mündet in einer Erhöhung der Mieten – vor allem für Wohnimmobilien – was sich wiederum negativ auf die Privatpersonen auswirkt, welche zur Miete leben. Die erhöhte Nachfrage am Immobilienmarkt resultiert zum einen aus der Zinssituation, da Anleger oftmals höhere Renditen bei einem Immobilieninvestment erzielen als auf eine Sparanlage. Zum anderen trägt die Entwicklung am Kreditmarkt dazu bei. Durch die Geldmengenerhöhung der EZB steigen die Kreditvolumen, die durch Banken vergeben werden. Zudem sinkt, durch den sinkenden Marktzins, der Kreditzins in allen Bereichen. Dazu kommt die Entwertung der Kreditvolumen durch die Inflation.

Mit der vorliegenden wissenschaftlichen Arbeit wird aufgezeigt, dass die Geldpolitik die Bundesrepublik verändert. Sie sorgt für eine Vermögensumverteilung. Durch die expansive Geldpolitik werden Schuldner, was im Fall der BRD den Staat sowie die Kreditnehmer darstellt, begünstigt. Sparer werden jedoch bestraft, da der gesunkene Zins zu sinkenden Kapitalerträgen führt. Dieser Entwicklung können die Anleger entgegenwirken, wenn sie ein höheres Risiko für ihre Geldanlage wählen. Die Geldpolitik wirkt sich positiv auf die Volkswirtschaftlichen Kennzahlen aus, wenn auch die Branche der Banken Ertragsrückgänge durch die Entwicklung verzeichnet.

5.1 Kritische Würdigung

Ziel der Arbeit war es, die Auswirkungen der Geldpolitik der EZB auf ausgewählte Bereiche der Bundesrepublik Deutschland darzulegen und aus verschiedenen Blickwinkeln zu betrachten. Hierbei fiel auf, dass eine Vielzahl an theoretisch Modellen zum Geldmarkt sowie zum Gütermarkt existieren. Im Rahmen der Arbeit wurde sich auf die allgemein gültigsten sowie relevantesten Modelle beschränkt. Weiterhin hat die Geldpolitik Einfluss auf eine Vielzahl von Wirtschaftsobjekten und -subjekten im Euroraum. Auch hier wurde sich gezielt für die Fokussierung auf einen europäischen Staat entschieden und die BRD als wirtschaftlich stärkster EU-Staat herangezogen. Innerhalb eines größeren Rahmens wäre jedoch die Gegenüberstellung mit einem europäischen Krisenstaat wie beispielsweise Italien oder Griechenland denkbar gewesen, um die Unterschiede deutlich zu machen. Um einen Rundumblick zu gewährleisten, wurden verschiedene Bereiche der BRD ausgewählt und betrachtet. Somit soll objektiv und ganzheitlich bewertet werden können, ob die Niedrigzinspolitik überwiegend Vor- oder Nachteile mit sich bringt. Die Betrachtung verschiedener Wirtschaftssubjekte führte jedoch auch dazu, dass Einzelfälle, wie beispielsweise die Betrachtung einzelner Kreditinstitute, außenvor blieben. Auch innerhalb der Segmente wurden die betroffenen Themengebiete nach Größe und Relevanz ausgewählt. So wird beispielsweise auf die Entwicklung des Aktienmarktes nicht gezielt eingegangen, da die privaten Haushalte andere Anlageklassen bevorzugen. Diese Selektion musste aufgrund des limitierten Rahmens der Arbeit erfolgen.

5.2 Perspektiven

Diese Bachelorarbeit hat einen ersten Forschungsbeitrag zu den Auswirkungen der Geldpolitik auf die Wirtschaftssubjekte der BRD geleistet. Weiterführende Forschungen können sich genauer mit den zukünftigen Folgen für die bearbeiteten Bereiche befassen. Innerhalb dieses Rahmens wäre auch eine Befragung von Experten denkbar. Dies würde aufschlussreiche Erkenntnisse über den weiteren Verlauf und die andauernde Darstellbarkeit der vorherrschenden Situation liefern. Des Weiteren könnten Entwicklungen aufgezeigt werden, die die Wirtschaftssubjekte dazu bewegen könnten, ihre Strategien anzupassen beziehungsweise nach den Erkenntnissen auszurichten. Weiterhin konnte durch den ganzheitlichen Ansatz der Arbeit kein Schwerpunkt auf ein bestimmtes Themengebiet gelegt werden. Der konkrete Fokus auf einen Bereich der BRD könnte detailliertere Erkenntnisse für betroffene Interessensgruppen bieten. Wie bereits im vorangegangenen Kapitel erwähnt, hätte auch ein internationaler Vergleich, beispielsweise mit einem Krisenland, neue Erkenntnisse hervorgebracht. Hierdurch könnte zudem analysiert werden, welche Ausgangslage innerhalb der Niedrigzinsphase lukrativer ist. Darauf basierend könnten Lösungsansätze zur Verbesserung der wirtschaftlichen Situation der Staaten oder Branchen ausgearbeitet werden. Auch eine Darstellung des Szenarios der Zinswende könnte auf die vorliegende Arbeit aufbauen. Hierbei könnten die Entwicklungen der Wirtschaftssubjekte analysiert werden und auf negative Folgen hingewiesen werden.

Anhang

Anhang 1: Inflationsrate VPI

Jahr	Inflationsrate VPI	Jahr	Inflationsrate VPI
2001	2	2010	1,1
2002	1,3	2011	2,1
2003	1,1	2012	2
2004	1,7	2013	1,4
2005	1,5	2014	1
2006	1,6	2015	0,5
2007	2,3	2016	0,5
2008	2,6	2017	1,5
2009	0,3	2018	1,8

Quelle: https://www-genesis.destatis.de/genesis/online, Code 61111-0001, Zugriff am 17.12.2019

Anhang 2: Steuereinnahmen in Tsd. Euro

	2002	2003	2004	2005	2006
Steuereinnahmen insgesamt	441628589	442166627	442761181	452078595	488444133
Lohnsteuer	132189841	133090156	123895370	118919271	122612127
Veranlagte Einkommensteuer	7540679	4568069	5393537	9765482	17566266
Abgeltungssteuer	8477884	7632356	6772565	6990178	7632957
Umsatzsteuer	105462771	103161725	104715368	108439768	111318170

	2007	2008	2009	2010	2011
Steuereinnahmen insgesamt	538242918	561182025	524000434	530586956	573351424

Anhang

Lohnsteuer	131773289	141895371	135165057	127904117	139749313
Veranlagte Einkommensteuer	25026750	32684657	26429926	31178898	31995670
Abgeltungssteuer	11177913	13459252	12442160	8709125	8019753
Umsatzsteuer	127522023	130788980	141907257	136459248	138957369

	2012	2013	2014	2015	2016
Steuereinnahmen insgesamt	600045798	619708304	643617163	673261489	705791410
Lohnsteuer	149064614	158198079	167982511	178890540	184826061
Veranlagte Einkommensteuer	37262402	42279508	45612601	48580377	53832999
Abgeltungssteuer	8234069	8664395	7812443	8258824	5939638
Umsatzsteuer	142438982	148315119	154227759	159015153	165932433

	2017	2018
Steuereinnahmen insgesamt	734512853	776262785
Lohnsteuer	195523741	208230863
Veranlagte Einkommensteuer	59428196	60415397
Abgeltungssteuer	7333099	6893401
Umsatzsteuer	170498469	175437173

Quelle: *https://www-genesis.destatis.de/genesis/online*, Code: 71211-0001, Zugriff am 17.12.2019

Anhang 3: Durchschnittliche Zinssätze in %

	Tagesgeld	Spareinlagen	Temingeld
2001	2,3	1,2	4,1
2002	1,8	1	3,8
2003	1,1	2,2	2,9
2004	1,1	2,1	2,9
2005	1,2	2	2,5
2006	1,4	2,1	2,6
2007	1,7	2,3	3,1
2008	1,9	2,5	3,3
2009	1,1	1,8	3
2010	0,7	1,4	2,5
2011	0,8	1,5	2,7
2012	0,7	1,3	2,2
2013	0,4	1	1,5
2014	0,3	0,8	1,3
2015	0,2	0,5	1
2016	0,1	0,3	0,9
2017	0	0,2	0,7
2018	0	0,2	0,7

Quelle: https://www.gdv.de/resource/blob/50214/29985281b05d0ce23240d7 b7bdff57 cd/download--statistisches-taschenbuch-2019-data.pdf, S. 136, Zugriff am 17.12.2019

Anhang 4: Darlehensberechnungen im Vergleich

	Darlehen 1	Darlehen 2	Differenz
Darlehensbetrag	100.000	100.000	
Monatliche Rate	800,00	800,00	
Sollzins p.a.	2%	5%	3%
Anfänglicher Tilgungssatz	7,6%	4,6 %	250,00
Restschuld nach 10 Jahren	15.944,21	40.475,21	24.531,00
Geleistete Zinszahlungen nach 10 Jahren	11.944,21	36.475,51	24.531,30
Darlehensdauer bei gleichbleibenden Zins	11 Jahre 10 Monate	14 Jahre 10 Monate	3 Jahre

Quelle: Berechnung über https://www.interhyp.de/tilgungsrechner/?adChannel=S_Google&adCampaign=SG_Darlehen&adKeyword=darlehen_rechner&adTool=SEAgenerischAllgemein&gclid=EAIaIQobChMIrbPjp7345QIVxbTtCh08QwHpEAAYAyAAEgI8hPD_BwE, Zugriff am 17.12.2019

Anhang 5: Außenhandel Deutschland und USA

Jahr	Wert in Mrd.		Jahr	Wert in Mrd.
1999	14,64		2009	15,07
2000	14,64		2010	20,33
2001	21,84		2011	25,24
2002	27,89		2012	35,9
2003	22,42		2013	40,77
2004	24,15		2014	46,72
2005	27,5		2015	53,52
2006	28,79		2016	48,85
2007	27,33		2017	49,9
2008	24,96		2018	48,88

Quelle: *https://www-genesis.destatis.de/genesis/online*, Code 51000-0003, Zugriff am 17.12.2019

Literaturverzeichnis

Afflatet, Nicolas (Staatsfinanzierung, 2019): Staatsfinanzierung durch Geldpolitik, in: Wirtschaftsdienst, Nr. 8, S. 562-566

Anderegg, Ralph (Zwei-Säulen-System, 2014): Grundzüge der Geldtheorie und Geldpolitik, München, Wien: Oldenbourg

Bacher, Urban, Beck, Hanno, Herrmann, Marco (Inflation, 2017): Inflation – die ersten zweitausend Jahre, Frankfurt am Main: Frankfurter Societäts-Medien, 2017

Baxmann, Ulf G. (Risikomanagement, 2008): Risikomanagement der Kreditwirtschaft, Frankfurt am Main: Frankfurt School Verlag, 2008

Becker, Benedikt, Fischer, Malte, Gerth, Martin, Schnaas, Dieter, Schürrmann, Christof, Welp, Cornelius (Geldpolitik, 2019): Viagra für Zombis, in: Wirtschaftswoche, Nr. 35, S. 14

Blanchard, Olivier, Illing, Gerhard (Makroökonomie, 2014): Makroökonomie, 6. Aufl., München: Pearson Studium, 2014

Bundesagentur für Arbeit (Arbeitsmarkt, 2019): Statistik der Bundesagentur für Arbeit Berichte: Blickpunkt Arbeitsmarkt– Monatsbericht zum Arbeits- und Ausbildungsmarkt, Nürnberg: Bundesagentur für Arbeit, 2019

Bundesanstalt für Finanzdienstleistungsaufsicht (Jahresbericht, 2019): Jahresbericht 2018 der Bundesanstalt für Finanzdienstleistungsaufsicht, Bonn, Frankfurt am Main: Naumilkat, 2019

Cabral, Nazaré da Costa, Concalves, José Renato, Rodrigues, Nuno Cunha (Liquid Trap, 2016): The Euro and the Crisis: Perspectives for the Eurozone as a Monetary and Budgetary Union, Heidelberg, Berlin: Springer, 2016

Deutsche Bundesbank (Monatsbericht, 2019a): Die Ertragslage der deutschen Kreditinstitute im Jahr 2018, in: Monatsbericht September 2019, Nr. 9, S. 79 -104

- (Monatsbericht, 2019b): Geldpolitik und Bankgeschäfte, in: Monatsbericht November 2019, Nr. 11, S. 22

Dornbusch, Rüdiger, Fischer, Stanley,Startz, Richard (Makroökonomik, 2003): Makroökonomik, 8. Aufl., München, Oldenbourg: Wissenschaftsverlag, 2003

Europäische Zentralbank (Geldpolitik, 2008): Durchführung der Geldpolitik im Euro Währungsgebiet, Frankfurt: Europäische Zentralbank, 2008

- (Inflationsziel, 2011): Die Geldpolitik der EZB 2011, Frankfurt: Europäische Zentralbank, 2011

Gatzer, Werner, Schweisfurth, Tilmann (Staatsschulden, 2015): Öffentliche Finanzwirt schaft in der Staatspraxis, Berlin: BWV, 2015

Görgens Egon, Ruckriegel, Karlheinz, Seitz, Franz (Geldpolitik, 2014): Europäische Geldpolitik, 6. Aufl., Konstanz, München: UVK Verlagsgesellschaft, 2014

Gorthmanns, Robert (Geldpolitik, 2008): Geldpolitik und Vermögenspreise, Hamburg: Igel, 2008

Grischer, Horst, Herz, Bernhard,Menkhoff, Lukas (Banken, 2005): Geld, Kredit und Banken, 2. Aufl., Berlin, Heidelberg, New York: Springer, 2005

De Haan, Jakob, Eijffinger, Sylvester C. W., Waller, Sandra (ESCB, 2005): The European Central Bank: Credibility, Transparency, and Centralization, Cambridge, London: The MIT Press, 2005

Hamori, Naoko, Hamori, Shigeyuki (ECB, 2010): Introduction of the Euro and the Mo netary Policy of the European Central Bank, Singapur, New Jersey, London, u.a.: World Scientific, 2010

Jarchow, Hans-Jürgen (Geldpolitik, 2009): Grundriss der Geldpolitik, 9. Aufl., Stuttgart: Lucius & Lucius, 2009

- (Geldtheorie, 2010): Grundriss der Geldtheorie, 12. Aufl., Stuttgart: Lucius & Lucius, 2010

Kaiser, Stephan (Kredit, 2014): Die Kreditfalle: Lohnt es sich wirklich, für die Erfüllung seiner Wünsche längerfristige Zahlungsverpflichtungen einzugehen?, Norderstedt: BoD, 2014

Kaltenthaler, Karl (ECB, 2006): Policymaking in the European Central Bank: The Masters of Europe´s Money, Lanham, New York, Toronto, u.a.: Rowman & Littlefield Publishers, 2006

Kampmann, Ricarda, Walter, Johann (Geldschöpfung, 2010): Makroökonomie: Wachstum, Beschäftigung, Außenwirtschaft, München: Oldenbourg, 2010

Koch, Peter (Versicherung, 2013): Versicherungswirtschaft: Ein einführender Überblick, 7. Aufl., Karlsruhe: VVW, 2013

Köhler, Claus (Wirtschaftspolitik, 2004): Orientierungshilfe für die Wirtschaftspolitik, Berlin: Duncker & Humblot, 2004

Kraus, Anja (Banken, 2019): Die Konsolidierung hat begonnen, in: die Bank, Nr. 7, S. 8-11

Kriener, Eberhard (Bankensektor, 2002): Wettbewerbliche Veränderungen im Bankensektor und ihre Auswirkungen auf die Geldpolitik der EZB, Wiesbaden: Springer, 2002

Lofing, Johannes, Rhodius, Oliver (Abgeltungsteuer, 2012): Kapitalertragsteuer und Abgeltungsteuer verstehen: Besteuerung von Kapitalerträgen im Privatvermögen, Wiesbaden: Springer, 2012

Ohler, Christoph (Bankenaufsicht, 2015): Bankenaufsicht und Geldpolitik in der Währungsunion, München: Verlag C.H. Beck, 2015

Otte, Max (Investieren, 2016): Investieren statt sparen Anlegen in Zeiten von Niedrigzinsen, Bargeldverbot und Brexit, Berlin: Ullstein Buchverlag, 2016

Premer, Matthias (Makroökonomie, 2015): Grundzüge der Volkswirtschaftslehre: Makro-ökonomik und Mikroökonomik, 2. Aufl., Berlin, Boston: Walter de Gruyter, 2015

Schmidt, Susanne (Schuldenbremse, 2012): Das Gesetz der Krise: Wie die Banken die Politik regieren, München: Droemer, 2012

Spahn, Peter (Geldpolitik, 2012): Geldpolitik, Finanzmärkte, neue Makroökonomie und zinspolitische Strategien, 3. Aufl., München: Vahlen, 2012

Tolkmitt, Volker (Bankbetriebslehre, 2007): Neue Bankbetriebslehre, 2. Aufl., Wiesbaden: Gabler, 2007

Wienert, Helmut (Makroökonomie, 2008): Grundzüge der Volkswirtschaftslehre: Makroökonomie, 2. Aufl., Stuttgart: Kohlhammer, 2008

Wildmann, Lothar (Geldmengenwachstum, 2012): Makroökonomie, Geld und Währung: Module der Volkswirtschaftslehre, 2. Aufl., München: Oldenbourg, 2012

Willke, Gerhard (Keynes, 2012): John Maynard Keynes: Eine Einführung, 2. Aufl., Frankfurt am Main, New York: Campus, 2012

Willke, Gerhard, Willke, Helmut (Governance, 2012): Political Governance of a Capitalism: A Reassessment Beyond the Global Crisis, Cheltenham, Northampton: Edward Elgar, 2012

Wurzel, Eckehard (Integration, 2019): Europäische Integration wohin? Zu Wirtschafts-, Finanz- und Geldpolitik sowie Reformen der EU, Stuttgart: Kohlhammer, 2019

o.V. (Stresstest, 2018): Europas Banken gelten 2018 als sicher, in: Handelsblatt, 2018 Nr. 9, S. 21

Internetquellen

Amtsblatt der Europäischen Union (Verordnung, 2003): Verordnung EG Nr. 1745/2003 Der Europäischen Union vom 12.September 2003, *https://www.ecb.europa.eu/ecb/legal/pdf/l_25020031002de00100016.pdf,* Zugriff am 17.12.2019

Assekurata (Lebensversicherungen, 2017): Marktausblick zur Lebensversicherung 2016/2017, *https://www.assekurata.de/fileadmin/medien datenbank/Dokumente/Publikationen/Marktausblick/2016/Leben/ Assekurata_Marktausblick_Lebensversicherung_2016_2017.pdf,* Zugriff am 17.12.2019

Bundesamt für Finanzen (Ausgangslage, 2019): Gesamtwirtschaftliche Ausgangslage und finanzpolitische Konzeption, *https://www.bundesfinanzministerium.de/Content/DE/Gesetzestexte/Gesetze_Gesetzesvorhaben/Abteilungen/Abteilung_II/19_Legislaturperiode/2019-06-26-Haushaltsgesetz-2020/2-Regierungsentwurf.pdf ;jsessionid=40D2AC18A9C4F8B833F2BC7523F6105.delivery1-master?_blob=publicationFile&v=3,* Zugriff am 17.12.2019

Bundesanstalt für Finanzdienstleistungen (Eigenkapitalanforderungen, 2010): Basel III: Strengere Kapitalvorschriften für Banken, *https://www.bundesfinanzministerium.de/Content/DE/Standardartikel/Service/Einfach_erklaert/2010-09-20-basel-III-strengere-kapitalvor-schriften-fuer-banken.html,* Zugriff am 17.12.2019

Bundesministerium der Finanzen (Einnahmen, 2019a): Einnahmen, Einzelplan, *https://www.bundeshaushalt.de/#/2018/ist/einnahmen/einzelplan.html,* Zugriff am 17.12.2019

- (Einnahmen, 2019b): Einnahmen Einzelplan Bundesschuld, *https://www.bundeshaushalt.de/#/2018/ist/einnahmen/einzelplan/32.html,* Zugriff am 17.12.2019

Bundesministerium für Finanzen (Schuldenstand, 2019): Schuldenstand, *https://www.bundesfinanzministerium.de/Datenportal/Daten/offenedaten/haushalt-oeffentliche-finanzen/Zeitreihe-Schuldenstand-Tilgung-ab1995/datensaetze/xlsx-s01-entwicklung-verschuldung-bund-und-sondervermoegen.xlsx?_blob=publication File&v=5,* Zugriff am 17.12.2019

Deutsche Bundesbank (Basel, 2011): Basel III – Leitfaden zu den neuen Eigenkapital und Liquiditätsregeln für Banken, *https://www.bundesbank.de/resource/blob/651902/ 006cd6ff269a036ed6d41a748bb1bde8/mL/basel3-leitfaden-data.pdf,* Zugriff am 17.12.2019

- (Haushalte, 2016): Die Studie zur wirtschaftlichen Lage privater Haushalte (PHF), *https://www.bundesbank.de/resource/blob/604916/160 471f62d400b4ea018e8d0 ae232320/mL/phf-studie-broschuere-data.pdf,* Zugriff am 17.12.2019

- (EZB-Zinssätze, 2019): EZB-Zinssätze, *https://www.bundesbank.de/ resource/blob/607806/3a278e03889f0c9aafc7e45c05bf5d6a/ mL/s510ttezbzins-data.pdf*, Zugriff am 17.12.2019

Deutsche Bundesbank (GUV, 2019): Gewinn- und Verlustrechnung der Kreditinstitute, *https://www.bundesbank.de/resource/blob/ 650342/beac3f050360c54963d 99ae21dd3d3e7/mL/guv-tab7-data.pdf*, Zugriff am 17.12.2019

- (Konsumentenkredite, 2019): Zeitreihe BBK01.SUD115: Effektivzinssätze Banken DE / Neugeschäft / Konsumentenkredite an private Haushalte, anfängliche Zinsbindung über 5 Jahre, *https://www.bundesbank.de/dynamic/action/de/statistiken/zeitreihen-datenbanken/zeitreihen-datenbank/723452/723452?tsId=BBK01.S UD115&listId=www_s510_ph2_neu*, Zugriff am 17.12.2019

- (Konten, 2019): Zeitreihe BBBZ1.A.ZV00.INET.A00.12.000.IN.DE.N: Anzahl der Konten für übertragbare, täglich fällige Einlagen, *https://www.bundesbank.de/dynamic/action/de/statistiken/zeitreihen-datenbanken/zeitreihen-datenbank/723452/723452?listId= www_s13b_zvs01&tsId=BBBZ1.A.ZV00.INET.A00.A12.000.IN.DE.N*, Zugriff am 17.12.2019

- (Kredit, 2019): Zeitreihe BBK01.CEF4J0: Kredite Schuldner: Private Haushalte Gläubiger: Sektoren insgesamt, *https://www.bundesbank.de/dynamic/action/de/statistiken/zeitreihen-datenbanken/zeitreihen-datenbank/723452/723452?tsId=BBK01. CEF4J0&listId=www_v1f_14vb*, Zugriff am 17.12.2019

- (Kreditinstitute, 2019): Gewinn- und Verlustrechnungen der Kreditinstitute, *https://www.bundesbank.de/resource/blob/650356/ 99431a2b54c1 ee476f43537edfd48bb7/mL/guv-tab8-data.pdf*, Zugriff am 17.12.2019

- (Mindestreservebestimmungen, 2019): Mindestreserven, *https://www.bundesbank.de/de/aufgaben/geldpolitik/mindestreserven/mindestreserven-602268*, Zugriff am 17.12.2019

- (Outright-Geschäfte, 2019): Outright-Geschäfte, *https://www.bundesbank.de/de/aufgaben/geldpolitik/outright-geschaefte/outright-geschaefte-642846?index=2#dossierItem.com*, Zugriff am 17.12.2019
- (Stresstest, 2019): Ergebnisse des LSI-Stresstests 2019, *https://www.bundesbank.de/de/presse/pressenotizen /ergebnisse-des-lsi-stresstests-2019-807574*, Zugriff am 17.12.2019
- (Überziehungskredit, 2019): Zeitreihe BBK01.SUD112: Effektivzinssätze Banken DE / Neugeschäft / Revolvierende Kredite und Überziehungskredite an private Haushalte, *https://www.bundesbank.de /dynamic/action/de/statistiken/zeitreihen-datenbanken/zeitreihen-datenbank/723452/723452?listId=www_s510_ph1&tsId= BBK01.SUD112*, Zugriff am 17.12.2019
- (Verschuldung, 2019): Zeitreihe BBK01.BJ9959: Verschuldung gem. Maastricht-Vertrag- Deutschland – Gesamtstaat – in % des BIP, *https://www.bundesbank.de/dynamic/action/de/statistiken/zeitreihen-datenbanken/zeitreihen-datenbank/723452/723452?tsId=BBK01.BJ9959&listId= www_v27_web001 _02a*, Zugriff am 17.12.2019

Deutsche Bundesbank (Wechselkurs, 2019): Zeitreihe BBEX3.A.USD. EUR.BB.AC.A04: Euro-Referenzkurs der EZB/ 1 EUR = ... USD/ Vereinigte Staaten, *https://www.bundesbank.de/dynamic/action/de/statistiken/zeitreihen-datenbanken/zeitreihen-datenbank/723452/723452?listId= www_s331_b01012_1&ts Tab=0&tsId=BBEX3.A.USD.EUR.BB.AC. A04&id=0*, Zugriff am 17.12.2019

- (Wohnungsbaukredite, 2019): Zeitreihe BBK01.SUD119: Effektivzinssätze Banken DE / Neugeschäft / Wohnungsbaukredite an private Haushalte, anfängliche Zinsbindung über 10 Jahre, *https://www.bundesbank.de /dynamic/action/de/statistiken/ zeitreihen-datenbanken/zeitreihendatenbank/723452/723452? listId=www_s510_ph3_neu&tsId=BBK01.SUD119*, Zugriff am 17.12.2019

Deutsche Finanzagentur (Bundesanleihe, 2019a): 0,25% Bundesanleihe 2019 (2029), *https://www.deutsche-finanzagentur.de/de/ factsheet/sheet-detail/productdata/sheet /DE0001102465/*, Zugriff am 17.12.2019

- (Bundesanleihe, 2019b): 0,00% Bundesanleihe 2019 (2050), *https://www.deutsche-finanzagentur.de/de/factsheet/sheet-detail/productdata/sheet /DE0001102481/*, Zugriff am 17.12.2019

Deutscher Bundestag (Stabilitätsgesetz, 2019): Vor 50 Jahren: Bundestag beschließt das Stabilitätsgesetz, *https://www.bundestag.de/dokumente/textarchiv/2017/kw19-kalen derblatt-stabilitaetsgesetz-505290*, Zugriff am 17.12.2019

Deutschland in Zahlen (Bruttowertschöpfung, 2019): Tabelle: Bruttowertschöpfung nach Wirtschaftsbereichen – in Mrd. Euro, *https://www.deutschlandinzahlen.de/?664*, Zugriff am 17.12.2019

European Central Bank (Stresstest, 2019): Annual Report 2018, *https://www.ecb.europa.eu/pub/pdf/annrep/ar2018~d08cb4c623.en.pdf?d4db50437f47e3bf99 14e1381b1a2cde*, Zugriff am 17.12.2019

Europäische Zentralbank (Wertpapierankauf, 2009): Programm zum Ankauf gedeckter Schuldverschreibungen, *https://www.bundesbank.de/resource/blob/602282/ 3bce8a3f7071e4525c609e2f5684943c/mL/2009-06-04-schuldverschreibungen-download.pdf*, Zugriff am 17.12.2019

- (Beschluss, 2014): Beschluss der Europäischen Zentralbank vom 15. Oktober 2014 über die Umsetzung des dritten Programms zum Ankauf gedeckter Schuldverschreibungen, *https://www.ecb.europa.eu/ ecb/legal/pdf/oj-jol_2014_335_r_ 0010-de-txt.pdf*, Zugriff am 17.12.2019

- (Mindestreservepflicht, 2016): Was ist die Mindestreservepflicht?, *https://www.ecb.europa.eu/explainers/tell-me/html/ minimum_reserve_req.de.html*, Zugriff am 17.12.2019

Europäische Zentralbank (Aufsichtsgremium, 2019): Aufsichtsgremium, *https://www.ecb. europa.eu/ecb/orga/decisions/ssm/html/index.de.html*, Zugriff am 17.12.2019

- (Beschlüsse, 2019): Geldpolitische Beschlüsse, *https://www.ecb.europa.eu/press/ pr/date/2019/html/ ecb.mp190912~08de50b4d2.de.html*, Zugriff am 17.12.2019

- (Bilanz, 2019): Konsolidierter Ausweis des Eurosystems, *https://www.ecb.europa.eu/press/pr/wfs/2019/html/ecb.fst191126.de.html*, Zugriff am 17.12.2019

- (Direktorium, 2019): Direktorium, *https://www.ecb.europa.eu/ecb/orga/decisions/eb/html/index.de.html*, Zugriff am 17.12.2019

- (Entwicklung, 2019): Pressemitteilung 29. Oktober 2019 Wirtschaftliche und finanzielle Entwicklung im Euro-Währungsgebiet nach institutionellen Sektoren: Zweites Quartal 2019, *https://www.bundesbank.de/resource/blob/812686/ fe63bd7912d1b0001267d0d0c751dab9/mL/2019-10-29-entwicklung-waehrungsgebiet-download.pdf*, Zugriff am 17.12.2019

- (Inflation, 2019): Zusammenfassung der geldpolitischen Sitzung des Rates der Europäischen Zentralbank, *https://www.bundesbank.de/resource/blob/815410/41 db23536887a546a9766d4a966f2ff9/mL/2019-11-21-account-data.pdf*, Zugriff am 17.12.2019

- (Jahresabschluss, 2019): Erweiterter Jahresabschluss 2018, *https://www.ecb.europa.eu/pub/pdf/annrep/ecb.annualaccounts2018~cd3eabaa40.de.pdf*, Zugriff am 17.12.2019

- (Kapitalzeichnung, 2019): Kapitalzeichnung, *https://www.ecb. europa.eu/ecb/orga/capital/html/index.de.htm*, Zugriff am 17.12.2019

- (M1, 2019): Euro Area, M1, *http://sdw.ecb.europa.eu/browseTable.do? org.apache.struts.taglib.html.TOKEN=fc462b5d5ad3c13047c4498432 06351b&df=true&ec=1&dc=&oc=0&pb=1&rc=0&DATASET=0&removeItem=&removedItemList=&mergeFilter=&activeTab=BSI&showHide=&MAX_ DOWNLOAD_SERIES=500&SERIES_MAX_NUM=50&node= SEARCHRESULTS&q=BSI.M.U2.Y.V.M10.X.1.U2.2300.Z01.E& type=series&legendRef=reference*, Zugriff am 17.12.2019

- (M2, 2019): Euro Area, M2, *http://sdw.ecb.europa.eu/browseTable.do? org.apache.struts.taglib.html.TOKEN=9f3d71937f5e01d0899abb646f1e6560 &df=true&ec=1&dc=&oc=0&pb=1&rc=0&DATASET= 0&removeItem=&removedItemList=&mergeFilter=&activeTab=BSI&showHide=&MAX_DOWNLOAD_SERIES=500&SERIES_MAX_NUM= 50&node=SEARCHRESULTS&q=BSI.M.U2.Y.V.M20.X.1.U2.2300.Z01.E&type=series&legendRef=reference*, Zugriff am 17.12.2019

Europäische Zentralbank (M3, 2019): Euro Area, M3, *http://sdw.ecb.europa.eu/browseTable.do?org.apache.struts.taglib.html.TOKEN=3bb8ef8aaf5623d5cebb6db511c1c7c&df=true&ec=1&dc= &oc=0&pb=1&rc=0&DATASET=0&removeItem=&removedItemList=&mergeFilter=&activeTab=BSI&showHide=&MAX_ DOWNLOAD_SERIES= 500&SERIES_MAX_NUM=50&node=SEARCHRESULTS&q=BSI.M.U2.Y.V.M30.X.1.U2.2300.Z01.E&type=series&legendRef=reference&trans=N*, Zugriff am 17.12.2019

- (Organisation, 2019): Erweiterter Rat, *https://www.ecb.europa.eu/ ecb/orga/decisions/genc/html/index.de.html*, Zugriff am 17.12.2019

- (Pressemitteilung, 2019): EZB führt zweistufiges System für die Verzinsung von gehaltener Überschussliquidität ein, *https://www.bundesbank.de/resource/blob/806808/b79e860e70cfc2ec83af178ba5140ab 5/mL/2019-09-12-zweistufiges-system-verzinsung-download.pdf*, Zugriff am 17.12.2019

Literaturverzeichnis

- (Rechenschaftspflicht, 2019): Rechenschaftspflicht, *https://www.ecb.europa.eu/ecb/orga/accountability/html/index.de.html*, Zugriff am 17.12.2019

- (Transparenz, 2019): Transparenz, *https://www.ecb.europa.eu/ecb/orga/transparency/html/index.de.html*, Zugriff am 17.12.2019

- (Unabhängigkeit, 2019): Unabhängigkeit, *https://www.ecb.europa.eu/ecb/orga/independence/html/index.de.html*, Zugriff am 17.12.2019

Frankfurter Allgemeine Zeitung (Schulden, 2019): Deutschland hat 52 Milliarden Euro weniger Schulden, *https://www.faz.net/aktuell/wirtschaft/deutschland-hat-52-milliarden-euro-weniger-schulden-16310914.html*, Zugriff am 17.12.2019

Gabler Wirtschaftslexikon (Staatshaushalt, 2018): Staatshaushalt, *https://wirtschaftslexikon.gabler.de/definition/staatshaushalt-42337/version-265688*, Zugriff am 17.12.2019

Gesamtverband der Deutschen Versicherungswirtschaft e.V. (Versicherungswirtschaft, 2019): Statistisches Taschenbuch der Versicherungswirtschaft 2019, *https://www.gdv.de/resource/blob/50214/29985281b05d0ce23240d7b7bdff57cd/download--statistisches-taschenbuch-2019-data.pdf*, Zugriff am 17.12.2019

Grieß, Andreas (Krisenprofiteuer, 2015): Krisenprofiteuer Deutschland, *https://de.statista.com/infografik/3214/brutto-zinsersparnis-deutschlands-im-vergleich-zu-2008/*, Zugriff am 17.12.2019

Immowelt (Immobilienpreise, 2019): 104 Prozent in 10 Jahren: Trotz Mietpreisexplosion ist Berlin im Städtevergleich noch im Mittelfeld, *https://content.cdn.immowelt.com/iw_group/Redaktion/Pressemitteilungen/2019/2017_07_25_Tabellen_10_Jahre_Miete.pdf*, Zugriff am 17.12.2019

Oesterreichische Nationalbank (Transmissionsmechanismus, 2019): Wirkung der Geldpolitik, *https://www.oenb.at/Geldpolitik/Wirkung-der-Geldpolitik.html*, Zugriff am 17.12.2019

Ossig, Christian (Bankenverband, 2019): Rückenwind durch mehr Europa!, *https://bankenverband.de/newsroom/reden_und_interviews/ ossig-banken-unternehmen-kapitalmarkt/*, Zugriff am 17.12.2019

Paternoster, Dario (EZB, 2019): Die Europäische Zentralbank (EZB), *https://www.europarl.europa.eu/factsheets/de/sheet/13/die-europaische-zentralbank-ezb*, Zugriff am 17.12.2019

Polleit Thorsten (Planwirtschaft, 2019): Willkommen in der Planwirtschaft! Die dramatischen Folgen von Negativzinsen, *https://www.wiwo.de/politik/konjunktur/willkommen-in-der-planwirtschaft-die-dramatischen-folgen-von-negativzinsen/ 24939610.html*, Zugriff am 17.12.2019

Spiegel Online (Präsidentin, 2019): Draghi-Nachfolgerin, Christine Lagarde ist jetzt EZB-Chefin, *https://www.spiegel.de/wirtschaft/soziales/christine-lagarde-neue-chefin-der-europaeischen-zentralbank-startet-a-1294377.html*, Zugriff am 17.12.2019

- (Schuldenabbau, 2019): Deutscher Staat baut 53 Milliarden Euro Schulden ab, *https://www.spiegel.de/wirtschaft/soziales/deutschland-schulden-schrumpfen-um-53-milliarden-euro-a-1259678.html*, Zugriff am 17.12.2019

SpringerProfessional (Stresstest, 2019): Stresstest zeigt Schwächen kleinerer Banken, *https://www.springerprofessional.de/stresstest/risikoanalyse/stresstest-zeigt-schwaechen-kleinerer-banken/17198118*, Zugriff am 17.12.2019

Statistisches Amt der Europäischen Union (Bevölkerung, 2019): Bevölkerung am 1. Januar, *https://ec.europa.eu/eurostat/tgm/table.do?tab=table&init=1&plugin =1&pcode=tps00001&language=de*, Zugriff am 17.12.2019

- (HVPI, 2019): HVPI – Inflationsrate, *https://ec.europa.eu/eurostat/databrowser/view/tec00118/default/table?lang=de*, Zugriff am 17.12.2019

Statistisches Bundesamt (Vermögensbilanz, 2018): Vermögensbilanzen Sektorale und gesamtwirtschaftliche Vermögensbilanz, *https://www.destatis.de/DE/Themen/Wirtschaft/Volkswirtschaftliche-Gesamtrechnungen-Inlandsprodukt/Publikationen/Downloads-Vermoegensrechnung/vermoegensbilanzen-pdf-5816103.pdf?_blob=publicationFile*, Zugriff am 17.12.2019

- (Außenhandel, 2019a): Außenhandel Zusammenfassende Übersichten für den Außenhandel, *https://www.destatis.de/DE/Themen/Wirtschaft/Aussenhandel/Publikationen/Downloads-Aussenhandel/zusammenfassende-uebersichten-monat-2070100191074.pdf?_blob=publicationFile*, Zugriff am 17.12.2019

Statistisches Bundesamt (Außenhandel, 2019b): 51000-0003 Aus- und Einfuhr (Außenhandel): Deutschland, Jahre, Länder, https://www-genesis.destatis.de/genesis/online, Zugriff am 17.12.2019

- (BIP, 2019): Volkswirtschaftliche Gesamtrechnung Bruttoinlandsprodukt (BIP), *https://www.destatis.de/DE/Themen/Wirtschaft/Volkswirtschaftliche-Gesamtrechnungen-Inlandsprodukt/Methoden/bip.html*, Zugriff am 17.12.2019

- (Bruttoinlandsprodukt, 2019): Bruttoinlandsprodukt, *https://www.destatis.de/DE/Themen/Wirtschaft/Volkswirtschaftliche-Gesamt rechnungen-Inlandsprodukt/Tabellen/bruttoinlandsprodukt-viertel-jahr-bip.html#fussnote-2-133118*, Zugriff am 17.12.2019

- (Gesamtrechnung, 2019): Volkswirtschaftliche Gesamtrechnung Inlandsproduktberechnung Lange Reihe ab 1970, *https://www.destatis.de/DE/Themen/Wirtschaft/Volkswirtschaftliche-Gesamtrechnungen-Inlandsprodukt/Publikationen/Downloads-Inlandsprodukt/inlandsprodukt-lange-reihen-pdf-2180150.pdf?_blob=publicationFile*, Zugriff am 17.12.2019

- (Immobilien, 2019): Bau- und Immobilienpreise, Preisindizes für Wohnimmobilien: Indizes und Veränderungsraten, *https://www.destatis.de/DE/ Themen/Wirtschaft/Preise/Baupreise-Immobilienpreisindex/Tabellen/Haeuserpreise-Bauland.html*, Zugriff am 17.12.2019

- (Immobilienvermögen, 2019): Geld- und Immobilienvermögen sowie Schulden privater Haushalte am 1.1. in den Gebietsständen, *https://www.destatis.de/DE/Themen/Gesellschaft-Umwelt/ Einkommen-Konsum-Lebensbedingungen/Vermoegen-Schulden/ Tabellen/geld-immob-verm-schulden-evs.html*, Zugriff am 17.12.2019

- (Konsumausgaben, 2019): Konsumausgaben, Investitionen und Außenbeitrag, *https://www.destatis.de/DE/Themen/Wirtschaft/Volkswirtschaftliche-Gesamtrechnungen-Inlandsprodukt/Tabellen/inlandsprodukt-verwendung-bip.html*, Zugriff am 17.12.2019

- (Preise, 2019): Preise Harmonisierte Verbraucherpreisindizes, *https://www.destatis.de/DE/Themen/Wirtschaft/Preise/Verbraucherpreisindex/Publikationen/Downloads-Verbraucherpreise/ harmonisierte-verbraucherpreisindizes-pdf-5611201.pdf;jsessionid= 81265F5CAD27F07B1A8102082491E5DF.internet712?_blob=publicationFile*, Zugriff am 17.12.2019

- (Reallöhne, 2019): Entwicklung der Reallöhne, der Nominallöhne und der Verbraucherpreise, *https://www.destatis.de/DE/Themen/Arbeit /Verdienste/Realloehne-Nettoverdienste/Tabellen/liste-reallohnentwicklung.html*, Zugriff am 17.12.2019

- (Steuereinnahmen, 2019): Steuereinnahmen 71211-0001, *https://www-genesis.destatis.de/genesis//online/data?operation=table&code =71211-0001&levelindex=0&levelid=1576354120063*, Zugriff am 17.12.2019

Statistisches Bundesamt (Verbraucherpreisindex, 2019): Verbraucherpreisindex 61111-0001, *https://www-genesis.destatis.de/ genesis/online/data?operation=abruftabelleBearbeiten& levelindex=1&levelid=1576353430580&auswahloperation= abruftabelleAuspraegungAuswaehlen&auswahlverzeichnis= ordnungsstruktur&auswahlziel=werteabruf&code=61111-0001&auswahltext=&werteabruf=Werteabruf*, Zugriff am 17.12.2019

Wiese, Thorsten (Garantiezins, 2016): Weniger Zinsen auf neue Lebensversicherungen, *https://de.statista.com/infografik/7358/garantiezins-lebensversicherungen-2017/*, Zugriff am 17.12.2019